Andreas Lehmann

Der Matthäus-Effekt im professionellen Fußball in Deutschland

Vom Talent zum Profisportler

Bachelor + Master
Publishing

Lehmann, Andreas: Der Matthäus-Effekt im professionellen Fußball in Deutschland: Vom Talent zum Profisportler, Hamburg, Bachelor + Master Publishing 2013
Originaltitel der Abschlussarbeit: Der Matthäus-Effekt im professionellen Fußball in Deutschland: Der Relativalterseffekt im professionellen Fußball in Deutschland

Buch-ISBN: 978-3-95549-202-1
PDF-eBook-ISBN: 978-3-95549-702-6
Druck/Herstellung: Bachelor + Master Publishing, Hamburg, 2013
Zugl. Universität Augsburg, Augsburg, Deutschland, Bachelorarbeit, Juni 2011

Bibliografische Information der Deutschen Nationalbibliothek:
Die Deutsche Nationalbibliothek verzeichnet diese Publikation in der Deutschen Nationalbibliografie; detaillierte bibliografische Daten sind im Internet über http://dnb.d-nb.de abrufbar.

Das Werk einschließlich aller seiner Teile ist urheberrechtlich geschützt. Jede Verwertung außerhalb der Grenzen des Urheberrechtsgesetzes ist ohne Zustimmung des Verlages unzulässig und strafbar. Dies gilt insbesondere für Vervielfältigungen, Übersetzungen, Mikroverfilmungen und die Einspeicherung und Bearbeitung in elektronischen Systemen.

Die Wiedergabe von Gebrauchsnamen, Handelsnamen, Warenbezeichnungen usw. in diesem Werk berechtigt auch ohne besondere Kennzeichnung nicht zu der Annahme, dass solche Namen im Sinne der Warenzeichen- und Markenschutz-Gesetzgebung als frei zu betrachten wären und daher von jedermann benutzt werden dürften.

Die Informationen in diesem Werk wurden mit Sorgfalt erarbeitet. Dennoch können Fehler nicht vollständig ausgeschlossen werden und die Diplomica Verlag GmbH, die Autoren oder Übersetzer übernehmen keine juristische Verantwortung oder irgendeine Haftung für evtl. verbliebene fehlerhafte Angaben und deren Folgen.

Alle Rechte vorbehalten

© Bachelor + Master Publishing, Imprint der Diplomica Verlag GmbH
Hermannstal 119k, 22119 Hamburg
http://www.diplomica-verlag.de, Hamburg 2013
Printed in Germany

Inhaltsverzeichnis

Abbildungsverzeichnis III
Tabellenverzeichnis IV
Abkürzungsverzeichnis V
Anhangsverzeichnis VI

1. Einleitung 1
2. Der Matthäus-Effekt 2
    2.1 Der Matthäus-Effekt in der Technologie 3
    2.2 Der Matthäus-Effekt in der Wirtschaft 4
    2.3 Der Matthäus-Effekt in der Politik 5
    2.4 Der Matthäus-Effekt in Organisationen 6
3. Der Relativalterseffekt 7
    3.1 Allgemeine Grundlagen 8
    3.2 Faktoren und Mechanismen des Relativalterseffekts 10
    3.3 Determinanten des Relativalterseffekts 11
    3.4 Auswirkungen des Relativalterseffekts 13
4. Karriere in Organisationen 14
    4.1 Relative Leistungsturniere 15
    4.2 Probleme von Leistungsturnieren 16
    4.3 Anreizwirkungen von Leistungsturnieren 16
5. Selektionskriterien im Sport 17
    5.1 Ausbildungskonzept des Deutschen Fußball-Bundes 17
    5.2 Talentselektion des Deutschen Fußball-Bundes 19
6. Hypothesen für das Auftreten des Relativalterseffekts 20
    6.1 Der Relativalterseffekt im professionellen Fußball in Deutschland 20
    6.2 Unterschiede des Relativalterseffekts in der 1. und 2. Fußball-Bundesliga 21
    6.3 Unterschiede der Feldspieler in Größe und Gewicht 21

7. Empirischer Teil 22
   7.1 Beschreibung des Datensatzes 22
   7.2 Beschreibung der Methodik 23
   7.3 Auswertung des Datensatzes 24
      7.3.1 Der Relativalterseffekt in der Bundesliga 24
      7.3.2 Unterschiede zwischen den Bundesligen 29
      7.3.3 Körperliche Unterschiede nach Positionen 31
         7.3.3.1 Anforderungsprofile der Mannschaftsteile 32
         7.3.3.2 Größenunterschiede nach Positionen 33
         7.3.3.2 Gewichtsunterschiede nach Positionen 35

8. Schlussbetrachtung 36

Anhang 38
Literaturverzeichnis 41

Abbildungsverzeichnis

Abbildung 1: Der Matthäus-Effekt in der Wirtschaft 4

Abbildung 2: Mechanismen des Relativalterseffekts 10

Abbildung 3: Determinanten des Relativalterseffekts 12

Abbildung 4: Tests der technisch-motorischen Leistungsdiagnostik an DFB-Stützpunkten 19

Abbildung 5: Der Relativalterseffekt in der Saison 2000/2010 – deutsche Spieler 25

Abbildung 6: Der Relativalterseffekt in der Saison 2010/2011 – deutsche Spieler 27

Abbildung 7: Der Relativalterseffekt in der Saison 2010/2011 – 1. und 2. Bundesliga im Vergleich 30

Abbildung 8: Größenverteilung der Feldspieler nach Positionen 34

Abbildung 9: Gewichtsverteilung der Feldspieler nach Positionen 35

Tabellenverzeichnis

Tabelle 1: Die Aufstellungen der U19-Junioren-Pokalfinalisten 2011 8

Tabelle 2: Der Relativalterseffekt in der Saison 2000/2001 – deutsche Spieler 26

Tabelle 3: Der Relativalterseffekt in der Saison 2010/2011 – deutsche Spieler 28

Tabelle 4: Der Relativalterseffekt in der Saison 2010/2011 – 1. und 2. Bundesliga im Vergleich 31

Tabelle 5: Ergebnis Einstichproben-t-Test – Größe 34

Tabelle 6: Ergebnis Einstichproben-t-Test – Gewicht 36

Abkürzungsverzeichnis

Abb.	Abbildung
bzw.	beziehungsweise
cm	Zentimeter
DFB	Deutscher Fußball-Bund
d.h.	das heißt
ebd.	ebenda
engl.	englisch
et al.	et alii
FIFA	Fédération Internationale de Football Association
f.	folgende
FC	Fußball-Club
ff.	fort folgende
geb.	geboren am
Hrsg.	Herausgeber
Kap.	Kapitel
kg	Kilogramm
n	Anzahl
m	Meter
MSV	Meidericher Spielverein
p.a.	per annum
s.	siehe
S.	Seite
SC	Sport-Club
sog.	so genannt
Tab.	Tabelle
u.a.	und andere(s)
vgl.	vergleiche
z.B.	zum Beispiel

Anhangsverzeichnis

Anhang I: Weitere grafische und statistische Auswertungen 38

Anhang II: Studien über den Relativalterseffekt im Sport 40

1. Einleitung

Die Weltmeisterschaft 2006 in Deutschland hat das „Sommermärchen" geschaffen und eine ganze Nation zu Fußball-Fans gemacht. Die deutsche Nationalmannschaft, der seit dem letzten Turniersieg bei der Europameisterschaft 1996 in England und aufgrund schwacher Turnierleistungen lange der Ruf der „grauen Maus" vorausgeeilt war, wurde durch den damaligen Teamchef Jürgen Klinsmann modernisiert und der Fußball – für viele bis dahin uninteressant – attraktiv gemacht. Nationalspieler wie Lukas Podolski, Bastian Schweinsteiger und Michael Ballack wurden Vorbilder für viele Jugendliche.

Vier Jahre später bei der Weltmeisterschaft in Südafrika 2010 waren es neue WM-Helden, denen die Fans zujubelten. WM-Torschützen-König Thomas Müller, Holger Badstuber und Manuel Neuer wurden die neuen Idole und auch im Vorfeld auf das nächste Großereignis – die Europameisterschaft 2012 in Polen und der Ukraine – stehen wieder neue Spieler bereit, die den weiten Weg durch die Nachwuchsausbildung des Deutschen Fußball-Bundes (DFB) erfolgreich gemeistert haben. Doch nicht erst seit den letzten Jahren träumt fast jeder kleine Junge davon, einmal Fußball-Profi zu werden. Der Traum davon, das eigene Hobby zum Beruf machen zu können, in ausverkauften Fußball-Arenen zu stehen und „den Adler" auf der Brust zu tragen, sind in den Augen vieler junger Sportler weit mehr wert, als das damit verbundene Gehalt auf dem Konto.

Doch wie haben all diese Spieler es so weit geschafft und wie haben sie sich gegen andere Aspiranten durchsetzen können? Was sind die Faktoren, die einen Aufstieg begünstigen? Und wie gelingt es den verantwortlichen Trainern der Bundesligavereine und des DFB Jahr für Jahr neue Talente für den professionellen Fußball auszubilden?

In der folgenden Arbeit soll die Frage beantwortet werden, was der Matthäus-Effekt ist, welchen Einfluss dieser auf das tägliche Leben hat und vor allem wie dieser sich auf die sportliche Entwicklung von „Talenten" und die Nachwuchsförderung auswirkt. Darauf aufbauend wird dargestellt, welchen Anreiz die Aussicht auf Karriere im Profi-Sport, aber auch im sonstigen Berufsleben schafft und welche Faktoren bei der sportlichen und beruflichen Entwicklung eine Rolle spielen.

Die vorliegende Arbeit ist in sechs Kapitel untergliedert und wird mit einer Schlussbetrachtung abgeschlossen. Im ersten Abschnitt wird der Matthäus-Effekt zunächst allgemein beschrieben, ehe seine Bedeutung für verschiedene Lebensbereiche vorgestellt wird. Anschließend wird gezeigt, welchen Einfluss dieser Effekt auf den Sport im Allgemeinen und speziell auf die Talentförderung im Nachwuchsbereich hat. Eine ausführliche Diskussion über den Relativalterseffekt im Sport soll ein Grundverständnis für die explizite Fragestellung dieser Arbeit schaffen. Im vierten Kapitel wird dann der Bogen vom Sport zur Personalwirtschaft geschlagen. Karriere- und Anreizmechanismen werden ebenso erläutert, wie Beförderungs- und Aufstiegsmöglichkeiten in Organisationen. Daran anknüpfend werden im fünften Abschnitt zunächst Selektionskriterien im Sport vorgestellt, um daraufhin detailliert auf das Ausbildungskonzept und die Talentselektion des DFB eingehen zu können.

Im theoretischen Teil der Arbeit werden anschließend Hypothesen über den Relativalterseffekt aufgestellt, die im empirischen Teil überprüft werden. Zum tieferen Verständnis über die Vorgehensweise des Verfassers werden sowohl die erhobenen Daten, als auch die Methoden der Auswertung beschrieben. Zusammenfassend wird dann dargelegt, ob und in welcher Form der Matthäus-Effekt im deutschen Profi-Fußball auftritt und welche weiteren Ergebnisse sich durch die Auswertungen ergeben haben.

2. Der Matthäus-Effekt

In Anlehnung an einen Satz aus dem Gleichnis von den anvertrauten Zentnern aus dem Evangelium nach Matthäus, nach dem der in der folgenden Arbeit behandelte Effekt benannt ist, heißt es:

„Denn wer da hat, dem wird gegeben, dass er die Fülle habe; wer aber nicht hat, von dem wird auch das genommen, was er hat." (Matthäus 13:12/ Matthäus 25:29)

Als Matthäus-Effekt (engl.: Matthew-Effect) wird ein Phänomen bezeichnet, das der amerikanische Soziologe Robert King Merton im Jahre 1968 erstmals beobachtet und analysiert hat. Durch die Auswertung von Tagebüchern, Briefen, Aufzeichnungen, wissenschaftlichen Schriften und Biographien anderer Wissenschaftler stellte Merton in einer empirischen Studie fest, dass beim Zitieren von wissenschaftlichen Arbeiten eine positive Rückkopplung auftritt. Einerseits bedeutet dies, je häufiger ein Autor zitiert wird, desto mehr steigt sein Ansehen, im Umkehrschluss wird ein Autor mit zunehmendem Bekanntheitsgrad häufiger zitiert. Durch eine Spiralwirkung steigt demnach analog zur Bekanntheit auch die Anzahl der Zitationen eines Autors (vgl. „Denn wer da hat, dem wird gegeben [...]").

Auf der anderen Seite haben nach Siebert (2009) Wissenschaftler, die selten zitiert wurden, nur eine sehr geringe Chance, jemals in den Fokus anderer Autoren zu gelangen. Dieser gegenteilige Effekt, wird von Rossiter (1993) als Matilda-Effekt bezeichnet, benannt nach der amerikanischen Frauenrechtlerin Matilda J. Gage. Rossiter wies in einer Studie nach, dass Frauen in der Wissenschaft sowohl in der Vergangenheit, als auch in der Gegenwart häufig ignoriert oder sogar systematisch geleugnet wurden.

Im Verlauf dieses Kapitels werden nun neben der wissenschaftlichen Zitationsanalyse (Garfield, 1983, S. 148ff.), weitere Gebiete des täglichen Lebens vorgestellt, in denen der Matthäus-Effekt in den verschiedensten Formen auftritt. Zunächst wird gezeigt, welchen Einfluss der Effekt auf technische Entwicklungen, das finanzielle Wohlergehen von Individuen, aber auch ganzer Volkswirtschaften hat. Daran anschließend, wird die Verbindung des Matthäus-Effekts mit den Bereichen Politik, Gesellschaft und Organisationen hergestellt (Rigney, 2010), ehe im folgenden dritten Kapitel der Fokus der Arbeit ausführlich auf das Auftreten des Matthäus-Effekts im Sport gerichtet wird.

2.1 Der Matthäus-Effekt in der Technologie

Gerade in der heutigen schnelllebigen Welt, in der neue Technologien immer wichtiger werden, lässt sich der Matthäus-Effekt sehr deutlich beobachten. Doch bereits in der frühen Menschheitsgeschichte, lässt sich dieser Effekt in allen Zeitaltern der menschlichen Entwicklung auf Grundlage historischer Funde nachvollziehen. So gab es z.B. während der Bronzezeit, aber auch im Mittelalter Perioden stürmischer Entwicklungen (Rigney, 2010, S. 31). Neue Technologien sind häufig Weiterentwicklungen bereits bestehender, sodass nach Diamond (1997, S. 258) „Technologien neue Technologien hervorbringen." Bereits Lenski und Lenski (1970, S. 82f.) stellten fest, dass sich neue Erfindungen oftmals aus Kombinationen anderer existierender Erfindungen ergeben. Durch die immer größer werdende Anzahl bereits bestehender Entwicklungen, steigt folglich auch die Möglichkeit für das Entwickeln neuer Ideen, Prozesse und Technologien.

Besonders sichtbar wird dieser Effekt bei den ständigen Neuerungen und Entwicklungen in der Informationstechnologie. Waren mobiles Telefonieren und der Zugang zum Internet vor zwanzig Jahren nur den Wenigsten vorbehalten, so hat heute ein großer Teil der Weltbevölkerung Zugang zu diesen Technologien. Allerdings gilt im Hinblick auf Schwellen- und Entwicklungsländer auch hierbei der gegenteilige Effekt. Nach Levesque (2000) haben diejenigen, die bereits mit der neusten Technik ausgestattet sind, denen gegenüber einen Vorteil, die von den bisherigen Entwicklungen (noch) nicht profitiert haben. Jedoch lassen sich Tendenzen erkennen, dass sich diese Unterschiede in den kommenden Jahrzehnten – auch aufgrund wiederum neuer Technologien – verringern werden (Samuelson, 2002).

2.2 Der Matthäus-Effekt in der Wirtschaft

Ein gängiges Sprichwort bei amerikanischen Betriebswirtschaftlern lautet: „It takes money to make money." Dabei sprechen die wenigsten Ökonomen bei der Betrachtung von unterschiedlichen Verteilungen von Wohlstand verschiedener Volkswirtschaften und Reichtum einzelner Privatpersonen von einem Matthäus-Effekt. Zunächst muss man in der Wirtschaft jedoch zwei verschiedene Arten des Effekts unterscheiden. In der Literatur ist von absoluten und relativen Matthäus-Effekten die Rede (Rigney, 2010, S. 10). Ein absoluter Matthäus-Effekt liegt dann vor, wenn die Reichen wohlhabender werden, während die Armen zeitgleich ärmer werden. Neben einem absoluten Matthäus-Effekt tritt häufig auch ein relativer Effekt auf. Dieser drückt sich dadurch aus, dass zwar sowohl Reiche, als auch Arme einen Zuwachs an Wohlstand haben, dieser bei den Wohlhabenden aber einen relativ größeren monetären Wert generiert.

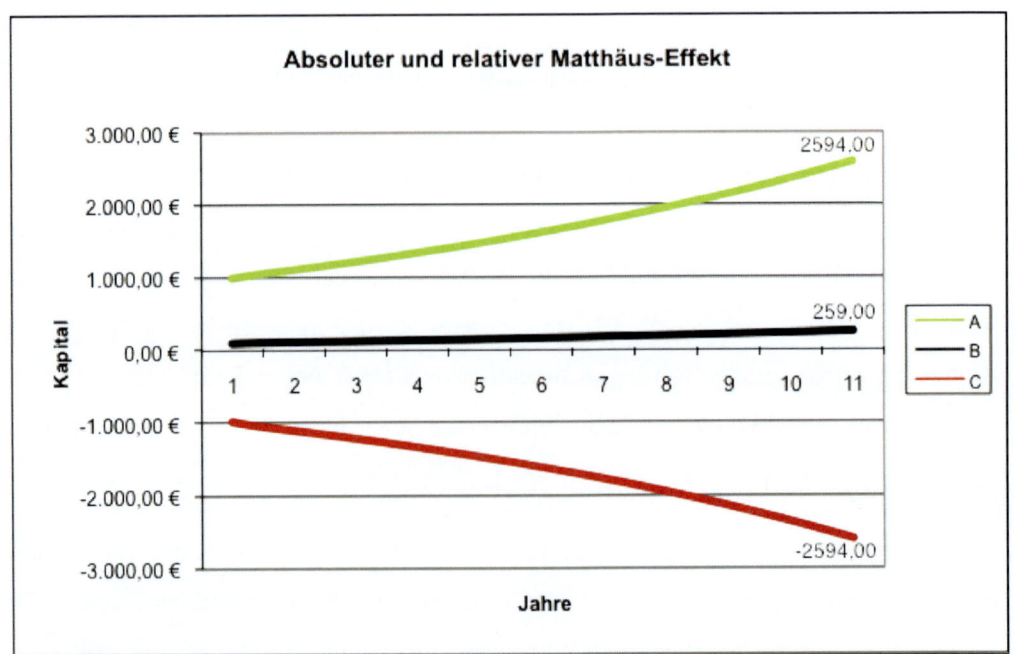

Abbildung 1: Der Matthäus-Effekt in der Wirtschaft (Quelle: Eigene Darstellung nach Rigney, 2010, S. 11)

Abbildung 1 veranschaulicht sowohl den absoluten, als auch den relativen Matthäus-Effekt. So zeigt Linie A einen Investor, der 1000 € anlegt, die über einen Zeitraum von zehn Jahren zu einem Zinssatz von 10% p.a. verzinst werden. Der Investor, der durch Linie B dargestellt wird, hat zwar die gleichen Bedingungen, jedoch nur 100€ Startkapital. Betrachtet man den Zusammenhang zwischen den beiden Graphen A und B, so lässt sich ein relativer Matthäus-Effekt nachvollziehen. Während der erste Investor einen Wertzuwachs von 1594 € verzeichnen konnte, sind es im Falle von Investor B im gleichen Zeitraum nur 159 €. Beide Anleger haben die gleichen Konditionen, doch der anfängliche Unterschied von 900€ ist innerhalb von zehn Jahren auf 2335 € angestiegen. Linie C zeigt schließlich einen Schuldner, der durch einen Kredit Verbindlichkeiten in Höhe von 1000 € hat. Vergleicht man den Graphen A (oder B) mit C wird ein absoluter Matthäus-Effekt deutlich. Der zu Beginn über mehr Grundkapital verfügende Investor A gewinnt, wohingegen der Verschuldete weitere Schulden aufbaut.

In diesem Beispiel zeigen sich die typischen Ausprägungen des Matthäus-Effekts in der Wirtschaft, wobei die positiven Rückkopplungen verdeutlicht wurden, die durch einen anfänglichen Vorteil in der monetären Ausstattung entstehen können.

2.3 Der Matthäus-Effekt in der Politik

Da Politik und Wirtschaft eng miteinander verflochten sind, lassen sich beide Gebiete auch nur schwer getrennt voneinander betrachten. Häufig wird beobachtet, dass sich ein ökonomischer Vorteil in einen politischen verwandelt und auch ein umgekehrter Effekt ist durchaus denkbar. Vermögende Politiker können es sich z.B. erlauben, aufwendige Medienkampagnen und Werbegeschenke (z.B. Kugelschreiber, Buttons oder Kinokarten) zu finanzieren, um in der Gunst der Wähler zu steigen. Ein Beispiel um diese Ausprägung des Matthäus-Effekts zu verdeutlichen, ist der italienische Ministerpräsident Silvio Berlusconi. Durch ein Medienunternehmen zu Wohlstand gekommen und mittlerweile durch zahlreiche Affären in den Fokus der Öffentlichkeit geraten, hält sich Berlusconi trotz einer umstrittenen Politik und Wahlniederlagen auf kommunaler Ebene in jüngster Zeit, seit bereits drei Jahren an der Macht.

Politikwissenschaftler berufen sich, ähnlich wie die meisten Ökonomen, selten auf einen Matthäus-Effekt, wenn sie Geschehnisse und Mechanismen in der Politik analysieren, dennoch existieren einige denkbare Szenarien, in denen sich ein Matthäus-Effekt nachweisen lässt (Rigney, 2010, S. 53).

In der Politik zeigt sich z.B. häufig ein gewisser Amtsbonus. Amtsinhaber versuchen oft Vorteile aus ihrem politischen Amt zu ziehen, um weiter an der Macht zu bleiben, um sich so weitere Vorteile sichern zu können. Kraft ihres Amtes besitzen gewählte Regierungsmitglieder, stärker als Oppositionelle, die Möglichkeit ihren eigenen Bekanntheitsgrad zu steigern. Durch ein gesteigertes Ansehen, steigt die Bereitschaft von Dritten zu Spenden, durch die wiederum Wahlkampagnen finanziert werden können.

Eine weitere Ausprägung des Matthäus-Effekts in der Politik ist der von Simon (1954) geprägte Mitläufer-Effekt. Dabei bekommen Politiker, die in Umfragen hoch eingeschätzt werden, häufig die Stimmen derer, die bis zum Zeitpunkt der Umfrage noch unschlüssig waren. Dieses Verhalten ist dadurch zu erklären, dass die Unentschlossenen nach der Wahl auf der Gewinnerseite stehen wollen. Dieser Effekt beschleunigt sich wiederum selbst, sodass sich ein zu Beginn zunächst geringer zu einem nachhaltigen Vorteil entwickeln kann, was letztlich einen Wahlsieg zur Folge haben kann.

Denkbar sind Matthäus-Effekte auch im Zusammenhang mit Lobbyismus und Korruption. Durch Bestechungen, das Kaufen von Wählerstimmen und das Veruntreuen von Spendengeldern, bereichern sich nicht nur einzelne Politiker. Nach Rigney (2010, S. 56) spekulieren auch diejenigen, welche die Mächtigen unterstützen darauf, durch ihre Lobbyarbeit und Zahlungen zu profitieren. Die zwielichtigen und auch zum Teil kriminellen Praktiken wirken sich, wie schon die Beispiele zuvor, positiv für die Privilegierten aus, für die anderen ist der Weg zur Macht jedoch noch steiniger.

2.4 Der Matthäus-Effekt in Organisationen

Doch dieser Effekt tritt nicht nur in der Makro-, sondern auch in der Mikroebene auf. Dabei geht es nicht nur, wie in den vorangegangenen Abschnitten um die ungleiche Verteilung von Wohlstand, sondern viel mehr um die Verteilung von Macht und Verantwortung innerhalb einer Organisation. Gerade in Organisationen, in denen zahlreiche Beziehungen zwischen einzelnen Mitarbeitern einer Hierarchieebene, ganzen Teams, aber auch zwischen verschiedenen Hierarchieebenen vorhanden sind, lassen sich verschiedene soziologische Probleme und Effekte beobachten.

Nach Kanter (1977) sind es gerade die Führungspersönlichkeiten in Organisationen, die aufgrund ihrer Bewegungsfreiheiten und Beziehungen – sowohl innerhalb der Organisation, aber auch durch Zusammenarbeit mit anderen Organisationen – mehr Verantwortung übertragen bekommen und ihren Machteinfluss auf diese Weise erweitern können. Der Einfluss innerhalb einer Organisation, so Kanter (1977, S. 196f.), steigt und fällt zwar stets, doch immer auf dem jeweiligen individuellen Level. Folgt man den bisherigen Überlegungen und Wirkungsweisen des Matthäus-Effekts, so ist es nicht weiter verwunderlich, dass man auch in der Personalwirtschaft zu dem Schluss gelangt, dass ein Organisationsmitglied, das mit mehr Macht ausgestattet ist, leichter zusätzliche Macht und Verantwortung erlangen kann, als wenn zu Beginn keinerlei Machtfülle vorhanden ist.

In einer weiteren Studie über Matthäus-Effekte in Organisationen haben Gabris und Mitchell (1988) nachgewiesen, dass durch Pläne über leistungsbezogene Bezahlung basierend auf Evaluationen der Leistung, unbeabsichtigt Matthäus-Effekte im Bezug auf die Arbeitseinstellung entstehen können. Die Angestellten, die eine gute Evaluierung ihrer Arbeit bekommen, sind daraufhin motivierter und leisten dementsprechend mehr, wohingegen die leistungsschwächeren Arbeitnehmer in ihrer Leistung noch mehr nachlassen (Rigney, 2010, S. 64). Der gewünschte Anreiz-Mechanismus, eine Leistungssteigerung aller Angestellten, konnte durch diesen Ansatz demnach nicht seine gewünschte Wirkung entfalten, da der Matthäus-Effekt die Absichten der Organisation überlagert hat.

Im Hinblick auf die Frage, ob Matthäus-Effekte auch im Sport und im Besonderen im deutschen Profi-Fußball auftreten, ist das Kriterium der Motivation von großer Bedeutung, was im folgenden Kapitel, welches sich explizit mit dem Matthäus-Effekt im Sport auseinander setzt, noch genauer betrachtet wird.

3. Der Relativalterseffekt

Neben den bisher betrachteten Bereichen, tritt der Matthäus-Effekt auch im Sport auf. Dabei wird von einem sog. „Geburtsmonatseffekt", „Relative Age Effect" oder „Relativalterseffekt" (Bäumler, 1998) gesprochen. Da der Fokus dieser Arbeit auf der Beantwortung der Frage liegt, ob der Matthäus-Effekt auch im deutschen Profi-Fußball auftritt, wird der Relativalterseffekt besonders ausführlich erläutert, seine Wirkungsweisen eingehend analysiert und die daraus resultierenden Folgen für die Nachwuchsförderung erklärt.

Als Einführung soll ein Blick auf das diesjährige DFB-Pokalfinale der U19-Junioren dienen, in welchem sich die Mannschaft des SC Freiburg und von Hansa Rostock in Berlin gegenüberstanden. Freiburg war über weite Strecken der Partie die bessere Mannschaft und lag bis zur 90. Minute mit 2:1 in Führung, ehe den Rostockern in der Nachspielzeit der Ausgleichstreffer gelang. Das direkt im Anschluss an die offizielle Spielzeit durchgeführte Elfmeterschießen konnte der SC Freiburg mit 7:5 für sich entscheiden und sicherte sich somit den Junioren-Pokal zum dritten Mal innerhalb der letzten fünf Jahre. Für beide Teams liefen in diesem Spiel insgesamt 27 Spieler auf, die in Tabelle 1 aufgelistet sind.

Tabelle 1: Die Aufstellungen der U19-Junioren-Pokalfinalisten 2011

SC Freiburg				FC Hansa Rostock			
Name	Geburtsdatum	Geburtsmonat	Größe	Name	Geburtsdatum	Geburtsmonat	Größe
Schwolow	02.06.92	Juni	190cm	Brinkies	20.06.93	Juni	186cm
Hezel	18.01.92	Januar	193cm	Bremer	02.06.92	Juni	179cm
Lorenzoni	01.05.92	Mai	180cm	Grupe	29.03.92	März	192cm
Schulz	24.02.93	Februar	189cm	Jensen	24.05.92	Mai	193cm
Albutat	23.09.92	September	184cm	Pfingstner	24.03.93	März	193cm
Ginter	19.01.94	Januar	187cm	Zolinski	03.05.92	Mai	180cm
Günter	28.02.93	Februar	185cm	Jordanov	08.06.93	Juni	169cm
Gutjahr	15.05.93	Mai	187cm	Kemsies	26.01.93	Januar	178cm
Knab	14.09.93	September	182cm	Weilandt	27.04.92	April	184cm
Lienhard	30.05.92	Mai	169cm	Adamyan	23.03.93	März	182cm
Tasli	04.02.93	Februar	176cm	Klak	30.01.92	Januar	189cm
Falahen	15.03.93	März	180cm	Quaschner	22.04.94	April	186cm
Göppert	18.01.93	Januar	177cm	Uecker	28.03.93	März	176cm
Kerk	17.04.94	April	182cm				

Quelle: Eigene Darstellung

Betrachtet man die Aufstellungen der Mannschaften, so ist zunächst die Größe der Spieler auffällig. Die Mehrzahl der eingesetzten Akteure weist eine Körpergröße über 180cm auf, bei Rostock sind sogar nur drei Spieler unter 180cm groß. Noch auffälliger jedoch ist, dass nur zwei der 27 Spieler in der zweiten Jahreshälfte (September: 2) geboren sind, dabei sind sogar fast die Hälfte aller Spieler (13 von 27) in den ersten drei Monaten ihres Geburtsjahres (Januar: 5, Februar: 3, März: 5) zur Welt gekommen.

Diese ungewöhnlichen Beobachtungen könnten auf den ersten Blick Zufall sein, die folgenden Ausführungen und Erklärungen werden jedoch aufzeigen, dass diese Feststellungen zum einen auf die Auswahlkriterien der Nachwuchsförderung, viel stärker jedoch auf den damit verbundenen Relativalterseffekt zurückzuführen sind.

3.1 Allgemeine Grundlagen

Nach Lames, Auguste, Dreckmann, Görsdorf und Schimanski (2008a) ist ein Relativalterseffekt dann vorhanden, wenn die Geburtsdaten einer Stichprobe nicht proportional zu den Geburtsdaten des entsprechenden Ausschnitts der Gesamtpopulation verteilt sind. Liegt ein Relativalterseffekt vor, so kommt es zu Beginn eines Selektionszeitraumes zu Häufungen. Relativ Ältere sind demnach häufiger in einer Stichprobe vertreten als relativ Jüngere. Das relative Alter hat somit einen direkten Einfluss auf die Zusammensetzung der Stichprobe.

Im Nachwuchsbereich werden Sportler aus Gründen der Chancengleichheit in verschiedene Altersklassen eingeteilt. Nach Helsen, van Winckel und Williams (2005) ist die Absicht einer solchen Einteilung mittels eines Stichtags das Sicherstellen eines fairen Wettkampfes, da die Entwicklung von Kindern und Jugendlichen altersabhängig ist. Durch die Einteilung in Jahrgänge bzw. Doppeljahrgänge wird von Seiten des Verbandes ein Selektionszeitraum geschaffen. Seit der Saison 1997/1998 hat die Fédération Internationale de Football Association (FIFA) für alle Verbände, die sich der FIFA angeschlossen haben, einheitlich den 1. Januar eines jeden Jahres zum Stichtag erklärt.

Als Resultat der Einteilung in Altersklassen, kann demnach innerhalb einer Altersklasse ein Altersunterschied von fast einem ganzen Jahr entstehen. Nach Tanner (1978) und Tanner und Whitehouse (1976) kann dieser relative Altersunterschied große anthropometrische Unterschiede zur Folge haben. Somit ergeben sich innerhalb eines Selektionszeitraumes nicht zu unterschätzende Unterschiede zwischen den Ältesten und Jüngsten eines Jahrgangs.

So haben sowohl Malina (1994), als auch Musch und Grondin (2001) neben physischen, auch Unterschiede bei kognitiven Fähigkeiten und der emotionalen Intelligenz von Kindern eines Geburtenjahrgangs festgestellt. Diamond (1983) erklärt diese Unterschiede in einer Studie mit Schulkindern, in der sich gezeigt hat, dass der Grad der psychophysischen Reife innerhalb einer Altersstufe deutliche Differenzen aufweisen kann. Auch

Roemmich und Rogol (1995) zeigen, dass signifikante Abweichungen in schulischer und sportlicher Leistung durch die Unterschiede in Wachstum und Entwicklung zwischen den Früh- und Spätgeborenen eines Selektionszeitraumes entstehen können.

3.2 Faktoren und Mechanismen des Relativalterseffekts

Im Folgenden wird nun gezeigt, wie sich diese zunächst nur geringen Unterschiede durch verstärkende Mechanismen zu einem immensen Vorteil für diejenigen entwickeln (Sharp, 1995), die früher in einem Selektionszeitraum geboren sind und welchen Einfluss der Relativalterseffekt auf die Nachwuchsarbeit und die Talentförderung in Deutschland hat. In einem dynamischen Modell, das von Helsen et al. (2005) aufgestellt wurde und von Lames et al. (2008a) als „Teufelskreis" (engl.: vicious circle) bezeichnet wird, erkennt man, welche Faktoren innerhalb der Leistungsentwicklung als Katalysatoren wirken (s. Abb. 2).

Durch ihr Geburtsdatum haben die früher im Selektionszeitraum Geborenen zwei Vorteile. Auf der einen Seite besitzen sie einen Altersvorsprung von bis zu zwölf Monaten, was bei einem Zehnjährigen bis zu zehn Prozent seines Lebensalters ausmachen kann. Dieser Altersvorsprung führt zu einem erweiterten Erfahrungshorizont (A). Neben lebensweltlichen Erfahrungen sind hier vor allem Erfahrungen in der sportlichen Ausbildung zu berücksichtigen, die schon früh Leistungsvorteile mit sich bringen können (Lames et al., 2008a).

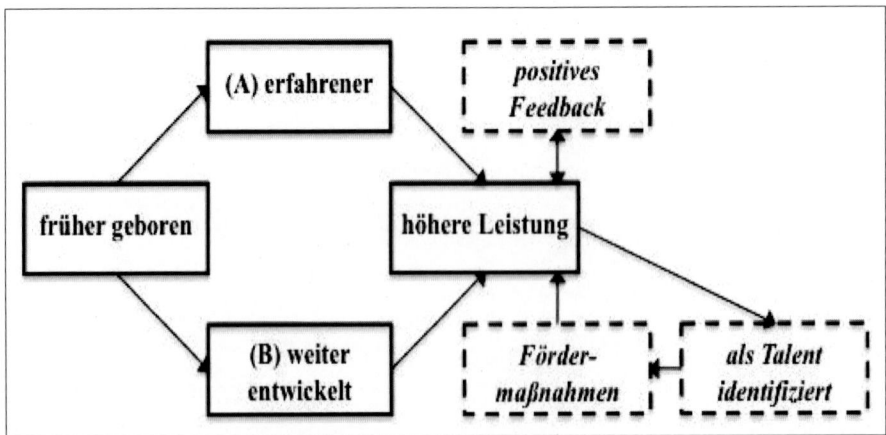

Abbildung 2: Mechanismen des Relativalterseffekts (Quelle: Eigene Darstellung nach Lames et al., 2008a)

Auf der anderen Seite ist unter den Kindern, die früh in einem Selektionszeitraum geboren sind die Wahrscheinlichkeit groß, dass diese in ihrer physischen und mentalen Entwicklung weiter gereift sind (B), als relativ jüngere Konkurrenten (Norikazu, 2009), da man unter den am weitesten Entwickelten aus einem Selektionszeitraum mehr Frühgeborene erwarten kann (Lames et al., 2008a).

Durch das frühe Geburtsdatum kommt es demnach zu einem geringen Vorsprung, der eine höhere Leistung zur Folge hat (Bäumler, 1998). Dieser Leistungsvorsprung wird zusätzlich durch zwei Faktoren verstärkt, sodass sich aus einem geringen Vorsprung ein massiver Vorteil gegenüber der jüngeren Konkurrenz innerhalb einer Altersklasse entwickeln kann.

Einerseits erzeugt eine bessere Leistung ein positives Feedback, was sich durch Lob, Anerkennung und Auszeichnungen von Eltern, Freunden und Trainern äußert (Lames et al., 2008a), wodurch eine größere Motivation entsteht. Zusätzlich steigt die Bindung an den Sport, die Leistungsbereitschaft und der Wille, sich weiter sportlich zu engagieren und gegen andere zu bestehen, was Lames und Schimanski (2008b), als emotionale Qualitäten (rage to perform) bezeichnen.

Andererseits führen die Leistungssteigerungen, die durch positive Rückmeldungen aus dem Umfeld verstärkt werden, dazu, dass die leistungsfähigeren Jugendlichen als Talente identifiziert werden und sich durch intensivere Fördermaßnahmen weiter verbessern. Durch ein erhöhtes Trainingspensum, qualifiziertere Auswahltrainer oder die Aufnahme in Sportschulen, die heute bei vielen Bundesligavereinen zum Standard gehören, erlangen die relativ Älteren eines Jahrgangs eine bessere Förderung und vergrößern damit den Vorsprung gegenüber ihren jüngeren Altersgenossen.

3.3 Determinanten des Relativalterseffekts

Für das Auftreten eines Relativalterseffekts haben sich in bisherigen Studien vier Kriterien als grundlegend erwiesen. Dabei determinieren neben dem Selektionsniveau und dem Alter auch das Geschlecht und die Sportart die Ausprägung eines Relativalterseffekts (s. Abb. 3).

Nach Lames et al. (2008a) ist für das Vorhandensein eines Relativalterseffekts zunächst ein entsprechender Selektionsdruck notwendig, da dieser dafür sorgt, dass in einer Stichprobe eine Abweichung der Geburtsdaten von der Normalbevölkerung vorliegt. Mit steigendem Selektionsniveau, d.h. in Auswahlen auf Regional- bis hin zur Bundesebene, nimmt auch der Selektionsdruck zu, was zur Folge hat, dass ein stärkerer Relativalterseffekt vorliegt (vlg. ebenda, 2008).

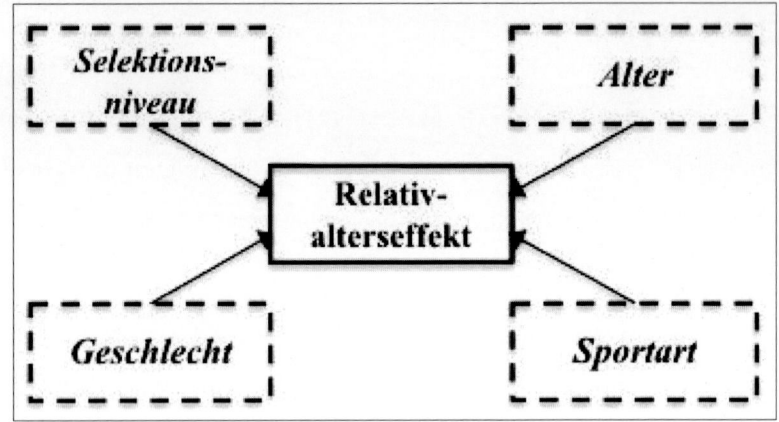

Abbildung 3: Determinanten des Relativalterseffekts (Quelle: Eigene Darstellung)

Eine weitere Determinante ist das Alter der betrachteten Kinder und Jugendlichen innerhalb einer Stichprobe. Folgt man dem Modell für die Entstehung eines Relativalterseffekt von Helsen et al (2005), so ist anzunehmen, dass dieser Effekt besonders bei sehr jungen Altersstufen auftritt, da hier wie bereits beschrieben die relative Altersdifferenz sehr ausgeprägt sein kann und die Entwicklungsunterschiede in frühen Jahren zudem gravierend sein können.

Bei dieser Überlegung spielen vor allem die Jahre vor der Pubertät eine Rolle, da Kinder und Jugendliche mit zunehmendem Alter nach und nach den gleichen Reifestatus erlangen und der Relativalterseffekt abnimmt. Dieser Effekt kann sich jedoch auch bis ins Erwachsenenalter hinein aufrechterhalten, da sich die in Abbildung 2 beschriebenen Mechanismen durch die gesamte Ausbildung ziehen und die relative Älteren noch immer einen Vorteil gegenüber denen besitzen, die schon in ihrer frühen Jugend durch die Raster der Auswahlförderung gefallen sind. Bäumler (2001) argumentiert jedoch, dass sich die später Geborenen nicht so früh spezialisieren und somit später einen Vorteil gegenüber denen erlangen können, die frühzeitig selektiert wurden.

Als dritter Einflussfaktor für das Vorliegen eines Relativalterseffekts wird in der Literatur häufig das Geschlecht genannt. Hierbei wurden mitunter deutliche Unterschiede über den Effekt nachgewiesen. Bei männlichen Nachwuchssportlern konnte dieser Effekt über Jahrzehnte aufgezeigt werden, wobei sich bei den weiblichen Kindern und Jugendlichen ein indifferentes Bild zeigt (Baker, Schorer und Cobley, 2010). Dies liegt zum einen daran, dass der weibliche Sport in der Regel nicht so körperbetont ist und zusätzlich nicht auf einem mit den Männern vergleichbaren Selektionsniveau liegt. Zum anderen ist die Pubertät bei Mädchen häufig schon vor der Selektion abgeschlossen und die mit der Pubertät eingehenden körperlichen Veränderungen bringen nicht unbedingt einen Leistungszuwachs, was einen Relativalterseffekt sogar gänzlich hinfällig machen kann.

Neben den bereits genannten Faktoren, spielt nicht zuletzt die Sportart für das Auftreten eines Relativalterseffekts eine entscheidende Rolle, da der weiter vorangeschrittene körperliche Reifeprozess den entscheidenden Vorteil dieses Effekts darstellt. Demnach lässt sich ein solcher Effekt besonders in körperbetonten Sportarten, bei denen häufig intensive Zweikämpfe (z.B. Fußball, Handball oder Eishockey) geführt werden (Lames et al., 2008a) und in Sportarten, die besondere Anforderungen an Größe (z.B. Volleyball) und Gewicht stellen, nachweisen. Bei anderen Sportarten hingegen, bei denen Koordination und Technik erfolgbestimmende Parameter darstellen (z.B. Turnen), konnte ein Relativalterseffekt nicht nachgewiesen werden (Baxter-Jones, 1995).

3.4 Auswirkungen des Relativalterseffekts

Da es keinen Grund zur Annahme gibt, dass die Begabung und das Talent für eine Sportart vom Geburtstermin abhängen (Lames et al., 2008a), kommt es durch den Relativalterseffekt zu zwei Auswahlfehlern. Einerseits werden Kinder und Jugendliche, die talentiert sind, jedoch durch ihren späteren Geburtsmonat möglicherweise physisch nicht die gleiche Reife besitzen, wie diejenigen, die kurz nach dem Stichtag zur Welt gekommen sind, nicht gefördert. Andererseits werden auch weniger begabte Kinder, die relativ älter sind, aufgrund ihrer reiferen körperlichen Merkmale selektiert und kommen so in den Genuss der Nachwuchsförderung (Baker, Wattie, Cobley, Faught und Montelpare, 2010; Sherar, Baxter-Jones, Faulkner und Russel, 2007). Wenn ein Sportverband das Augenmerk darauf legt, die aktuell leistungsfähigen Jugendspieler zu selektieren, lässt sich der Relativalterseffekt durchaus als Qualitätskriterium sehen (Lames et al., 2008a). Ziel der Nachwuchsförderung sollte es aber sein, möglichst alle Talente einer Altersklasse zu identifizieren, zu selektieren und entsprechend zu fördern, damit sie im Erwachsenenalter Höchstleistungen erbringen können (z.B. Bundesliga- oder Nationalmannschaften). Dabei lässt sich unterstellen, dass ein Auswahlsystem umso effektiver ist, je weniger ein Relativalterseffekt vorhanden ist.

Zusammenfassend ist festzuhalten, dass der Relativalterseffekt eine statistische Tendenz ist, die von Selektionsniveau, Alter, Geschlecht, sowie von der Sportart und der Selektionspolitik des jeweiligen Verbandes abhängt (vgl. ebenda 2008). Dabei handelt es sich explizit um die bevorzugte Berücksichtigung von Kindern und Jugendlichen, die früh in einem Selektionszeitraum geboren sind. In den letzten Jahrzehnten hat sich dieser Effekt in der Forschung sowohl in Stichproben bei Nachwuchssportlern (z.B. Barnsley, Thompson und Barnsley, 1985; Baxter-Jones, 1995; Helsen, Starkes und van Winckel, 1998), als auch im Erwachsenenbereich (z.B. Bäumler, 1998, 2001; Barnsley, Thompson und Legault, 1992; Brewer, Balsom und Davis, 1995; Dudink, 1994; Verhulst, 1992) nachweisen lassen.

Bevor eingehend untersucht wird, ob der Relativalterseffekt auch heute im deutschen Profi-Fußball auftritt, wird zunächst der Leistungsturnieransatz in Organisationen, der sich mit der Talentauswahl in der Nachwuchsförderung vergleichen lässt, vorgestellt. Daran anschließend wird der Zusammenhang zwischen Auswahlmechanismen und Selektionskriterien im Sport und in der Personalwirtschaft hergestellt.

4. Karriere in Organisationen

Ähnlich wie im Sport, ist auch in Organisationen die Aussicht auf eine Karriere ein treibendes Anreizmoment (Wilkesmann, 1999, S. 203). Nach Becker (2009) hat sich der Begriff „Karriere" im Laufe der Zeit geändert. Im heutigen Verständnis bedeutet Karriere „eine rasche Folge von Aufwärtsbewegungen in Organisationen" (vgl. ebenda, S. 520). Wissenschaftlich versteht man unter Karriere die Abfolge objektiv wahrnehmbarer Positionen im Zeitablauf. Damit umfasst der Begriff neben Aufwärtsbewegungen in Organisationen auch Abwärts- und Seitwärtsbewegungen (Weitbrecht, 1992).

Die Motivationswirkung hängt dabei zum einen davon ab, wie groß die Verbesserung in der neuen Ebene ist und zum anderen, wie viele Hierarchieebenen vorhanden sind. Stellt man sich eine Karriereleiter bildlich vor, so kommt es auf der einen Seite darauf an, wie hoch die einzelnen Stufen der Leiter sind und auf der anderen Seite, wie lang die Karriereleiter ist, wie hoch man also in der hierarchischen Ordnung der Organisation aufsteigen kann. Zieht man wiederum die Parallele zum Leistungssport und zur Nachwuchsförderung sieht man, dass auch hier die Karriere den zentralen Anreizmechanismus darstellt.

4.1 Relative Leistungsturniere

In der Personalwirtschaft gibt es den turniertheoretischen Ansatz für die Besetzung vakanter Stellen. Dabei konkurrieren Mitarbeiter um eine zuvor festgelegte und ausgeschriebene Anzahl an Stellen. Nach Kräkel (1999, S. 263) sind „Beförderungsturniere [...] Wettbewerbe der Beförderungsaspiranten um höherwertige Stellen. Befördert wird derjenige, der sich im Umgang mit ex ante formulierten Leistungskriterien als der leistungsstärkste Turnierkämpfer erweist." Die jeweiligen Mitarbeiter, die sich für diese Stellen qualifizieren, bekommen einerseits eine sog. Siegprämie in Form eines höheren Gehalts und andererseits bringt eine Stelle in einer höheren Hierarchieebene mehr Ansehen mit sich (Lazear und Rosen, 1981). Die Verlierer verbleiben entweder in ihrer aktuellen Position oder müssen das Unternehmen verlassen. In vielen beratenden Unternehmen (z.B. Unternehmensberatungen oder Großkanzleien) gilt dieses sog. Up-or-Out-Prinzip, das auch häufig mit der Floskel „Grow or go" beschrieben wird. Aus Sicht des Unternehmen wird damit zum einen garantiert, dass die relativ Besten in der Organisation bleiben und zum anderen neues, „frisches" Humankapital vom Arbeitsmarkt in die unteren Hierarchiestufen kommt. Entscheidendes Merkmal von Leistungsturnieren (engl.: rank-order tournatments) ist, dass der Gewinner nicht durch absolute Leistung, sondern durch einen relativen Leistungsvergleich ermittelt wird (Kräkel, 2010, S. 102ff.).

Auch hier lässt sich wieder ein Zusammenhang zu den Nachwuchsförderungen in Sportverbänden herstellen. Der Schritt in eine nächste Altersklasse ist zwar durch das Alter determiniert, doch das einzelne Leistungsniveau stellt auch im Sport einen Motivationsanreiz dar. Zu denken ist hierbei an Bezirks-, Verbands- und Regionalauswahlen in der frühen Jugend, dann aber auch an Jugendnationalmannschaften. Gerade in Ballsportarten kann man die Leistung nicht absolut beurteilen, da Parameter, wie Zeiterfassung, Höhen- oder Weitenmessung nur einen geringen Aufschluss darüber geben können, wie leistungsfähig ein jugendlicher Sportler ist. Eine Selektion für eine höhere Leistungsstufe erfolgt, im Gegensatz zu Individualsportarten, demnach ausschließlich durch einen relativen Leistungsvergleich innerhalb einer Vereins- oder einer Auswahlmannschaft.

4.2 Probleme von Leistungsturnieren

Neben dem Anreiz zu politischem Handeln (z.B. Mobbing), gibt es eine Reihe anderer Probleme, die mit dem Leistungsturnier-Ansatz einhergehen. Nach Bernhardt und Mongrain (2005) kommt es durch Leistungsturniere zu sog. Rattenrennen (engl.: rat race). Die Aussicht auf eine Stelle in einer höheren Hierarchiestufe, sowie das damit verbundene höhere Gehalt, schaffen Anreize immer mehr und länger zu arbeiten. Dabei werden Rattenrennen mit zunehmender Anzahl an Konkurrenten immer wahrscheinlicher, denn die statistische Wahrscheinlichkeit in die ausgeschriebene Stelle in einer höheren Hierarchieebene aufzusteigen, sinkt mit jedem zusätzlichen Konkurrenten (Kräkel, 2010, S. 246f.). Mittelfristig führen „rat races" zu einem höheren Gehaltsniveau, da die Arbeitnehmer für das höhere induzierte Anstrengungsniveau kompensiert werden müssen. Weitere denkbare Probleme, die durch Leistungsturniere entstehen, sind einerseits Unsicherheiten im Leistungserstellungsprozess, da zwischen Anstrengungsniveau und Output kein perfekter Zusammenhang besteht und sowohl positive als auch negative Störeinflüsse existieren. Andererseits kann es aufgrund falsch gewählter Messgrundlagen oder -zeitpunkten zu einer falschen Leistungsbewertung der Anstrengung der Arbeitnehmer kommen. Letztlich kommt es durch Leistungsturniere auf Seiten der Arbeitnehmer zu einer Selbstselektion, da die Unternehmen die Spreizung und das Niveau der Einkommen wählen und die Arbeitnehmer ihr Leistungspotential und das mit dem Aufwand verbundene Anstrengungsniveau häufig gut einschätzen können und so selbst selektieren, welche Stellen für sie einen Anreiz schaffen.

4.3 Anreizwirkungen von Leistungsturnieren

In Unternehmen gibt es zwei Arten von Leistungsanreizen. Neben absoluten Leistungsanreizen, wie z.B. Umsatzbeteiligungen und Akkordlöhnen, sind in Leistungsturnieren relative Leistungsanreize von großer Bedeutung. Diese besitzen den Vorteil, zum einen den Wettbewerb zwischen Arbeitnehmern zu entfachen, was wiederum ein erhöhtes Leistungsniveau zur Folge hat, zum anderen lassen sich durch relative Leistungsanreize auch Kontrollkosten reduzieren, da jeder Arbeitnehmer, der um diese Stelle konkurriert, versuchen wird seine Leistung zu steigern. Gerade bei komplexen und schwer beobachtbaren Tätigkeiten, ist die relative Leistung einfacher zur messen. So können beispielsweise Zufallseinflüsse ausgeschaltet und Messfehler minimiert werden (Lutz, 2009, S. 50ff.).

Ein weiteres Kriterium für den effizienten Einsatz von Leistungsturnieren liegt darin, dass nur Arbeitnehmer mit vergleichbaren Fähigkeiten gegeneinander konkurrieren sollten, sodass bereits bei der Rekrutierung auf das Leistungsniveau geachtet werden sollte. Es hat sich gezeigt, dass Beförderungen innerhalb einer Organisation neben einer Selektions- auch eine Motivationsfunktion besitzen. Einerseits werden durch Leistungsturniere geeignete Kandidaten für verantwortungsvolle Aufgaben selektiert und verschiedene Mitarbeiter werden so entsprechend ihrer Leistungsfähigkeit in die jeweilige Hierarchieebene eingestuft.

Auch hier lässt sich wieder der Vergleich zum Sport herstellen; Bevor junge Sportler für Auswahlmannschaften selektiert werden, müssen sie ein gewisses Leistungsniveau erreicht haben und Eigenschaften mitbringen, die sie für eine Selektion qualifizieren. Des Weiteren werden Nachwuchssportler dann innerhalb einer Altersklasse in verschiedene Leistungsstufen eingeteilt, die dem jeweiligen Leistungsniveau am Ehesten entsprechen. Führt man sich den Schwerpunkt dieser Arbeit erneut vor Augen, so kommt man folglich zu dem Schluss, dass in der Talentförderung bestimmte Kriterien für die Selektion in Nachwuchsförderprogramme vorhanden sein müssen. Diese werden im folgenden Kapitel eingehend betrachtet.

5. Selektionskriterien im Sport

Nach Lames und Schimanski (2008b) stellt das Suchen nach „potentiellen [...] Talenten eine wichtige Aufgabe des Nachwuchsleistungssports und [...] der jeweiligen Fachverbände dar." Gerade die Frage nach den Merkmalen und Kriterien anhand derer junge Sportler für Fördermaßnahmen ausgewählt werden, erweist sich dabei als besonders schwierig.

5.1 Ausbildungskonzept des Deutschen Fußball-Bundes

Die Statuten des Ausbildungskonzepts des Deutschen Fußball-Bundes sehen ein dreistufiges Ausbildungskonzept vor. In den Altersklassen der unter Elf- und Zwölfjährigen (U11/U12) wird zunächst der Fokus auf die Förderung der Freude am Fußballspielen gerichtet. Dabei werden, neben einem systematischen und altersgemäßen Erlernen und Festigen technischer Fertigkeiten, auch die Geschicklichkeit und Gewandtheit am Ball gefördert. In der nächsten Stufe (U13/U14) werden die zuvor erlernten technischen Fähigkeiten dann unter Zeit- und Gegnerdruck erlernt, was im Idealfall eine verbesserte Bewegungsdynamik und ein erhöhtes Bewegungstempo zur Folge hat. Zusätzlich sollen in der zweiten Stufe einfache individual- und gruppentaktische Handlungen vermittelt werden.

In der dritten Stufe (U15 bis U17) werden die Anforderungen komplexer, sodass nun spezielle Taktiken eingeübt werden sollen. Da sich in diesen Altersklassen bereits individuelle Positionen herausgestellt haben, werden hier vor allem auch positionsspezifische Aufgaben erlernt. Hinzu kommt die Verbesserung und Stabilisierung fußballspezifischer konditioneller Eigenschaften. Wird also in den ersten Jahren der Ausbildung eher ein Augenmerk auf die technischen und spieltaktischen Fertigkeiten gelegt, kommt der physischen Entwicklung erst später eine größere Bedeutung zu.

Die Ziele des Talentförderprogramms sind zunächst eine intensive und flächendeckende Sichtung, wobei den dadurch selektierten Sportlern eine individuelle, aber einheitliche Förderung zu Teil kommen soll. Dabei wird der Fokus in erster Linie auf die technische und taktische Verbesserung gelegt, ehe in den älteren Jahrgängen auch die körperliche Ausbildung verstärkt in den Trainingsprozess miteinbezogen wird.

Auch dieses Vorgehen steht in einem indirekten Zusammenhang mit dem Relativalterseffekt. Die für die Nachwuchsförderung ausgewählten Kinder und Jugendlichen sind der Theorie nach häufig diejenigen, die in ihrer körperlichen Entwicklung einen Vorsprung haben. Denn nach Hahn (1982, S. 89) sind Eigenschaften, die bei der Talentsichtung zu berücksichtigen sind, neben Lernfähigkeit und Leistungsbereitschaft, vor allem anthropometrische Voraussetzungen wie Körpergröße, Körpergewicht, Verhältnis von Muskel- und Fettgewebe, Körperschwerpunkt, sowie physische (aerobe und anaerobe Ausdauer, Reaktions- und Aktionsschnelligkeit, Schnelligkeitsausdauer, u.a.) und technomotorische (Gleichgewichtsfähigkeit, Raum-, Distanz- und Tempogefühl, Ballgefühl, u.a.) Merkmale von Bedeutung. Nach Helsen et al. (2005) sind durch das relative Alter gerade diese Voraussetzungen von älteren und jüngeren unterschiedlich, sodass das Auftreten des Effekts auch durch die Kriterien der Selektion begründet werden kann.

5.2 Talentselektion des Deutschen Fußball-Bundes

Der DFB startete in der Saison 2002/2003 ein Nachwuchsförderprogramm, mit dem eine flächendeckende Förderung von talentierten Kindern und Jugendlichen sichergestellt werden soll. An derzeit 366 Stützpunkten sieht der DFB ein zusätzliches wöchentliches Training, neben den Trainingseinheiten in den jeweiligen Vereinen, vor.

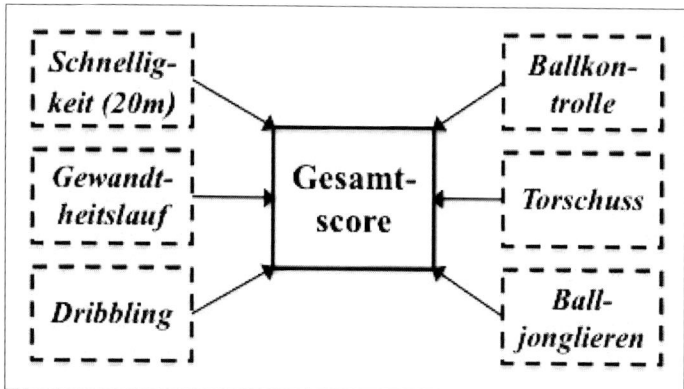

Abbildung 4: Tests der technisch-motorischen Leistungsdiagnostik an DFB-Stützpunkten (Quelle: Eigene Darstellung)

Um die Leistungen der Spieler vergleichen zu können, wurde im Jahre 2004 nach Angaben des DFB (Höner und Roth, 2010) eine technisch-motorische Diagnostik implementiert, welcher sechs verschiedene Tests zugrunde liegen (s. Abb. 4). Neben der Messung von Schnelligkeit (20m), einem Gewandtheitslauf, Dribbling und Ballkontrolle (inkl. Passen), sind Torschuss und Balljonglieren weitere Parameter, die in das Gesamtergebnis (Score) einfließen.

Jeweils im Frühjahr und Herbst werden diese Tests mit rund 12.000 Jugendspielern durchgeführt. Dabei bieten bisherige Testwerte eine Datenbasis für die Berechnung von Normwerten für Testleistungen und für die Erstellung von individuellen Leistungsprofilen. Da die Auswertungen stets auch exogenen Einflüssen unterliegen und die absoluten Werte der Test nur einen Anhaltspunkt über die Leistungsfähigkeit eines Spielers geben können, hält der DFB in seinem Leitfaden zu den „individuellen Spielerauswertungen im Rahmen der technisch-motorischen Leistungsdiagnostik an den DFB-Stützpunkten" fest, dass „bei der Einordnung der Ergebnisse unbedingt zu berücksichtigen ist, dass die Leistungsdiagnostik immer nur Einzelaspekte davon erfassen kann, was einen „guten" Spieler ausmacht. Zudem sind die Testergebnisse [...] nicht verabsolutierend zu interpretieren." (Höner und Roth, 2010). Die Testergebnisse der technisch-motorischen Leistungsdiagnostik dienen demnach als Unterstützung für das Gesamturteil des Auswahltrainers, können dieses aber in keinem Fall ersetzen und alleinig die Talentselektion determinieren. Zusätzlich stellen Höner und Roth (2010) fest, dass die Ergebnisse der Tests zwar mit größtmöglicher Sorgfalt an den Stützpunkten gewonnen wurden, in einzelnen Fällen aber nicht repräsentativ für das Leistungsniveau eines Spieler sein können, da z.B. eine schlechte Tagesform, ungünstige Witterungsbedingungen oder Messfehler das Ergebnis verfälschen können.

An den Vorgaben zur Talentförderung des DFB zeigt sich, dass eine absolute Messung der sportlichen Leistung nur sehr begrenzt möglich ist und letztlich nur der relative Vergleich zu anderen Sportlern eine zuverlässige Aussage über die Leistungsfähigkeit möglich macht. Betrachtet man die bisher diskutierten Überlegungen lässt sich die Brücke von der Talentselektion in Nachwuchsförderprogrammen im Sport, zu Leistungsturnieren in Organisationen schlagen. Denn auch hier werden Mitarbeiterleistungen und somit der mögliche Sprung in die nächste Hierarchiestufe nicht durch absolute Leistung bewertet, sondern anhand von Vergleichen zwischen den Mitbewerbern, die um die ausgeschrieben Stelle konkurrieren.

6. Hypothesen für das Auftreten des Relativalterseffekts

Nach der bisherigen Diskussion über den Matthäus-Effekt im Allgemeinen und speziell im Bezug auf den Sport, gilt es im folgenden Teil der Arbeit Hypothesen im Zusammenhang mit dem Relativalterseffekt im professionellen Fußball in Deutschland (1. und 2. Bundesliga) aufzustellen, die dann im siebten Kapitel auf Grundlage aktueller Daten empirisch überprüft werden.

6.1 Der Relativalterseffekt im professionellen Fußball in Deutschland

Trotz zahlreicher Studien, in denen ein Relativalterseffekt in vielen Sportarten bereits nachgewiesen wurde (s. Anhang), steht zu Beginn der Auswertung der Nachweis, ob ein Relativalterseffekt auch im deutschen Profi-Fußball vorhanden ist.

Die in der vorliegenden Studie betrachteten Bundesliga-Spieler sind in den Jahrgängen zwischen 1961 und 1993 geboren, sodass den meisten der erfassten Spielern noch nicht der heutzutage ganzheitliche Ansatz der Nachwuchsarbeit zu Teil geworden ist. Eine Selektion nach rein physischen Merkmalen war in den vergangen Jahrzehnten die gängige Auswahlpraxis. Noch in den 1990er-Jahren hörte man von vielen Trainern Sätze wie: „Hauptsache ein Spieler ist schnell, Technik kann man noch trainieren" oder „Ein „guter Körper" reicht, die Technik kommt von alleine.", so Christian Streich, langjähriger Trainer der U19-Junioren des SC Freiburg.

Aufgrund der vorherigen Überlegungen im dritten Kapitel ist das Auftreten eines Relativalterseffekts jedoch überaus wahrscheinlich, da auch in Deutschland bei der Talentauswahl lange Zeit der Fokus auf einer guten körperlichen Verfassung lag (Lames et al., 2008a).

6.2 Unterschiede des Relativalterseffekts in der 1. und 2. Fußball-Bundesliga

Wie in Kapitel 3.3 beschrieben, stellt das Selektionsniveau eine Determinante des Relativalterseffekts dar, doch das Niveau der Bundesligen in Deutschland ist, abgesehen von den Spitzenmannschaften, wie z.B.: Bayern München oder dem diesjährigen Deutschen Meister Borussia Dortmund, sehr ähnlich.

Gezeigt hat sich dies auch in den Relegationsspielen der Saison 2010/2011 um den Aufstieg bzw. den Klassenverbleib in der 1. Bundesliga. Der Erstligist Borussia Mönchengladbach hat sich nur denkbar knapp, wie auch der 1. FC Nürnberg in der Spielzeit zuvor, in zwei Spielen mit einem entscheidenden Tor mehr gegen den VfL Bochum aus der zweiten Liga durchsetzen können.

Es lässt sich daher vermuten, dass der Relativalterseffekt bei einer Untersuchung zwischen der 1. und 2. Fußball-Bundesliga keine signifikant unterschiedlichen Ausprägungen hat.

6.3 Unterschiede der Feldspieler in Größe und Gewicht

Da Torhüter eine Reihe anderer Kriterien erfüllen müssen als Feldspieler, um in den Fokus der Nachwuchsförderung zu gelangen (z.B. überdurchschnittliche Größe, Reflexe, u.a.), werden bei dieser speziellen Untersuchung im Bezug auf unterschiedliche anthropometrische Merkmale der unterschiedlichen Positionen nur die Feldspieler betrachtet.

Bei der Untersuchung von Größe und Gewicht stellt sich die Frage, ob es positionsbezogene Unterschiede gibt. Es ist anzunehmen, dass Abwehrspieler und Stürmer, aufgrund ihrer Aufgaben im Mannschaftsgefüge sowohl größer, als auch schwerer sind, als Mittelfeldspieler. Zur Abwehr von Flanken ist Größe ein Vorteil, wohingegen es im Mittelfeld auf Schnelligkeit und Wendigkeit ankommt, sodass eine geringere Größe in diesem Fall vorteilhaft ist. Durch eine geringere Größe und einem damit häufig verbundenen geringeren Gewicht, liegt der Körperschwerpunkt tiefer, sodass schnelle Drehungen und Richtungsänderungen leichter vollzogen werden können. Gerade diese Fähigkeiten gepaart mit taktischem Verständnis und einer gewissen Spielintelligenz sind für Mittelfeldspieler heutzutage von großer Bedeutung.

Demzufolge lässt sich folgende die Hypothese aufstellen, welche in Kapitel 7.3.3 überprüft wird: Abwehrspieler und Stürmer sind gegenüber dem Referenzwert größer und schwerer, Mittefeldspieler hingegen kleiner und leichter.

7. Empirischer Teil

Nachdem das Vorgehen der Datenerhebung beschrieben und die Methodik zur Messung des Relativalterseffekts vorgestellt wurde, werden im letzten Abschnitt dieses Kapitels die zuvor aufgestellten Hypothesen überprüft.

7.1 Beschreibung des Datensatzes

Zur Auswertung der Fragestellungen wurden die Spielerprofile von 1993 Profi-Fußballspielern der 1. und 2. Bundesliga analysiert. Dabei wurde neben der aktuellen Saison 2010/2011 auch die Saison 2000/2001 in den Datensatz aufgenommen, um eine mögliche Entwicklung des Relativalterseffekts durch die Änderung des Stichtages nachweisen zu können. Als Grundlage des Datensatzes dienen Bundesliga-Sonderhefte des Fußball-Fachmagazins „kicker" der Spielzeiten 2000/2001 und 2010/2011. Fehlende Daten wurden zusätzlich aus der Online-Fußballdatenbank „fussballdaten.de" ergänzt.

Neben den vollständigen Geburtsdaten, bei denen vor allem die Geburtsmonate von Relevanz sind, wurden auch die jeweiligen Sternzeichen (s. Anhang), sowie Positionen, Spielklasse und der entsprechende Jahrgang erhoben. In die Analyse wurden neben deutschen Spielern (n=1175), auch ausländische Spieler (n=818) miteinbezogen. Weitere Kriterien, die im Hinblick auf die Erklärung des Auftretens eines Relativalterseffekt erhoben wurden, sind Gewicht und Größe.

Einige Spieler, die bereits in der Saison 2000/2001 aktiv waren und heute noch spielen, wurden nur ein Mal erfasst. Auf die Erhebung von Daten, wie Anzahl der Liga- und Länderspiele, sowie geschossenen und vorbereiteten Toren wurde aus Gründen der Komplexitätsreduktion bewusst verzichtet. Allein die Zugehörigkeit zu den Bundesligen in Deutschland stellt in Augen des Verfassers ein ausreichendes Qualitätsmerkmal der Spieler dar. Eine weitergehende umfassende Untersuchung könnte unter Einbeziehung der genannten Parameter an dieser Stelle ansetzen.

Als Vergleichsdaten bietet sich nach Lames et al. (2008a) zunächst die Gleichverteilung der Geburten über zwölf Monate an. Dabei entfallen auf jeden Monat 8,33%. Eine genauere Betrachtung unter dem Hintergrund, dass die Monate unterschiedlich lang sind, hat zur Folge, dass statistisch gesehen ein Anteil von 8,49% auf Monate mit 31 Tagen, von 8,22% auf Monate mit 30 Tagen und von 7,67% auf den Februar entfällt. „Eine optimale Vergleichsbasis bieten Bevölkerungsstatistiken, denen man die Geburtenverteilung im Selektionszeitraum der unterschiedlichen Stichproben entnehmen kann." (vgl. ebenda, 2008). In dieser Arbeit dienen exakte Daten des Statistischen Bundesamtes als Vergleichsbasis. Dabei wurden aus den Geburtsmonaten aller Lebendgeborenen der Jahrgänge 1961 bis 1993 – entsprechend den Geburtsjahrgängen der Stichprobe – Mittelwerte gebildet.

7.2 Beschreibung der Methodik

Der Auswertung liegen zwei unabhängige Stichproben zu Grunde. Auf der einen Seite die erhobenen Daten der Profi-Spieler und andererseits die genaue Bevölkerungsstatistik aus entsprechenden Jahrgängen der betrachteten Selektionszeiträume. Da die betrachteten Variablen beider Stichproben dichotom verteilt sind (Fußballer: ja=1, nein=0, geboren in Monat x: ja=1, nein=0) und beide Variablen eine hinreichende Größe besitzen ($5 \leq \sum x \leq n-5$), wird zum Vergleich der Mittelwerte ein approximativer Zweistichproben-Gaußtest durchgeführt. Dabei wird zunächst ein Signifikanzniveau festgelegt (α =10%, 5% und 1%) und anschließend überprüft, ob der errechnete Testfunktionswert v innerhalb des jeweiligen zweiseitigen Konfidenzintervalls unter Normalverteilung liegt.

Zusätzlich zum Nachweis durch einen approximativen Zweistichproben-Gaußtest, ist auch eine grafische Untersuchung der erhobenen Daten sinnvoll, da die Testergebnisse nach Lames et al. (2008a) inhaltlich nicht zwangsläufig einem Relativalterseffekt entsprechen. In den folgenden Auswertungen werden zur Überprüfung der Hypothesen Diagramme abgebildet, welche die deskriptive Statistik grafisch darstellen.

Zur Überprüfung der dritten Hypothese (s. Kap. 6.3) dient ein Einstichproben-t-Test. Dabei liegt ein aus den Daten der Feldspieler ermittelter Gesamtdurchschnitt als Vergleichswert vor. Anschließend werden sowohl Größe und als auch Gewicht mit dem Referenzwert je nach Position verglichen. Auch hier wird neben der deskriptiven Statistik und einer grafischen Inspektion der Ergebnisse, ein statistischer Test durchgeführt, um die Signifikanz die erhobenen Ergebnisse belegen zu können.

7.3 Auswertung des Datensatzes

Im folgenden Abschnitt werden die erhobenen Daten nach den beschriebenen Methoden (s. Kap. 7.2) ausgewertet und die zuvor aufgestellten Hypothesen hinsichtlich ihrer Gültigkeit untersucht. Dabei gilt es festzuhalten, dass sich diese Daten trotz des großen Stichprobenumfangs von n=1993 nicht unbedingt verallgemeinern lassen. Durch statistische Tests wird die deskriptive Statistik jedoch unterstützt, sodass sich Tendenzen als statistisch signifikant bestätigen lassen.

7.3.1 Der Relativalterseffekt in der Bundesliga

Für die Beantwortung der Frage, ob ein Relativalterseffekt auch in den deutschen Bundesligen auftritt, werden zunächst die Überlegungen aus dem dritten Kapitel erneut aufgegriffen. Ein Relativalterseffekt liegt dann vor, wenn eine signifikante Häufung von Geburten zu Beginn eines Selektionszeitraumes auftritt. Das relative Alter bestimmt demnach die Zusammensetzung der Stichprobe.

In Abbildung 5, sowie in den folgenden Grafiken, entsprechen die Monate 1 bis 12 einem Kalenderjahr, also Januar bis Dezember. Dies ist deshalb von Relevanz, da, wie bereits erwähnt, in der Saison 1997/1998 eine Änderung des Stichtages durchgeführt wurde und sich der Selektionszeitraum somit verschoben hat. War es früher der 1. August, nach dem eine Altersklasse eingeteilt wurde, ist es heute der 1. Januar eines jeden Jahres. Der betrachtete Selektionszeitraum, der für die Saison 2000/2001 von Bedeutung ist, bezieht sich folglich auf die Zeitspanne von August bis Juli. Analog dazu wird in der Saison 2010/2011 der Zeitraum von Januar bis Dezember analysiert.

Betrachtet man die folgende Abbildung 5 in welcher alle deutschen Profi-Fußballer (n=555) der Saison 2000/2001 entsprechend der relativen Häufigkeit ihres Geburtsmonats abgebildet sind, erkennt man einen deutlichen Anstieg in den Monaten September und Oktober.

Im entsprechenden ersten Viertel des Selektionszeitraumes (August bis Oktober) wurden 24,45% der deutschen Bevölkerung geboren, die Fußballer hingegen, weisen mit 32,61% einen deutlich höheren Wert auf, der augenscheinlich markant von dem erwarteten Referenzwert abweicht. Betrachtet man die Monate Mai bis Juli (letztes Viertel), so sieht man, dass die erwarteten Werte, stärker noch als zu Beginn der zweiten Hälfte des Selektionszeitraumes, unterschritten werden.

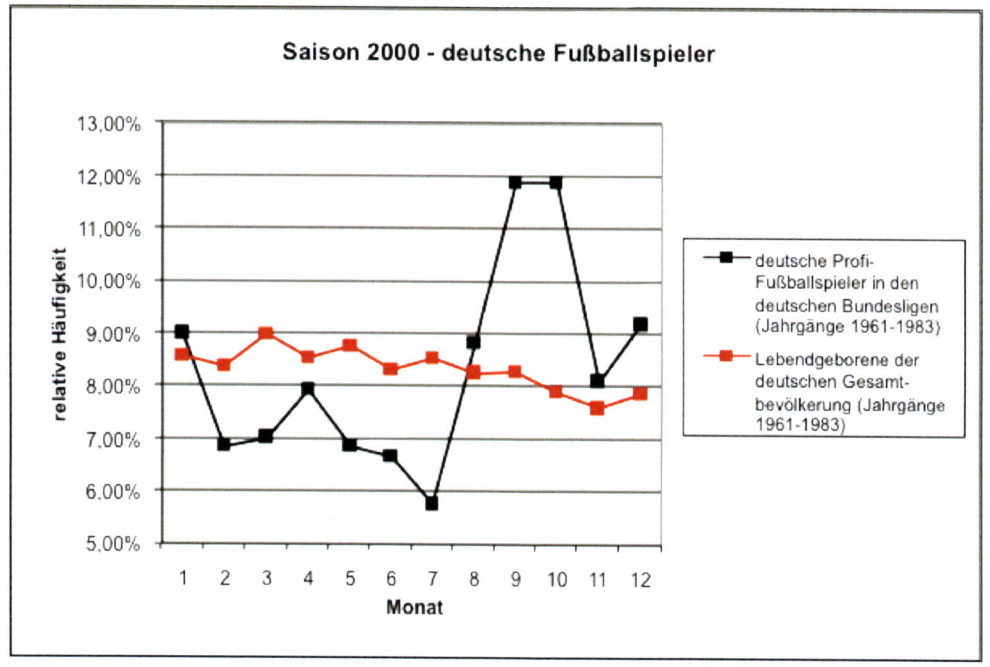

Abbildung 5: Der Relativalterseffekt in der Saison 2000/2010 – deutsche Spieler (Quelle: Eigene Darstellung)

Neben der grafischen Untersuchung, dient in den folgenden Kapiteln jeweils ein approximativer Zweistichproben-Gaußtest der Überprüfung, ob die erhobenen Daten eine statistische Signifikanz aufweisen. Es wird analysiert, ob die Daten der Stichprobe der professionellen Fußball-Spieler signifikant von denen der deutschen Normalbevölkerung im entsprechenden Zeitraum abweichen.

Relevant sind dabei – sowohl für Abbildung 5, als auch Tabelle 2 – die Jahrgänge 1961 bis 1993, da diese den Geburtenjahrgängen der betrachteten Fußball-Spieler entsprechen. Durch die Ergebnisse der induktiven Statistik (s. Tabelle 2) lässt sich nachweisen, dass in den Monaten September (T-Wert: 3,062426883) und Oktober (T-Wert: 3,548113173) eine extreme statistische Signifikanz vorliegt. Im Bezug auf den Referenzwert, weichen die Geburtenhäufigkeiten in diesen Monaten extrem ab, da die Werte der T-Statistik aus außerhalb des 99%-Konfidenzintervalls [-2,575;2,757] liegen.

Demzufolge sind die Geburtsmonate September und Oktober in der erhobenen Stichprobe der Bundesliga-Spieler im Vergleich zum betrachteten Ausschnitt der Gesamtbevölkerung stark überrepräsentiert. Am Ende des Selektionszeitraumes zeigen die Ergebnisse des Tests ebenfalls eine Abweichung. Der letzte Monat (Juli) ist bei den Spielern der Stichprobe, wie schon in Abbildung 5 ersichtlich, nicht so stark vertreten. Auch dieses Ergebnis hat sich durch den angewandten approximativen Zweistichproben-Gaußtest als statistisch signifikant erwiesen, da der T-Wert (-2,35261273) außerhalb des 95%-Konfidenzintervalls [-1,96;1,96] liegt.

Tabelle 2: Der Relativalterseffekt in der Saison 2000/2001 – deutsche Spieler

Saison 2000/01 Geburtsmonat	Beobachtungen dt. Fußballer (Jg. '61-'83)	Lebendgeborene in Deutschland (Jg. '61-'83)	T-Statistik	Signifikanz
Januar	50	2031384	0,346435379	
Februar	38	1914551	-1,08393454	
März	39	2131296	-1,638671503	
April	44	2022200	-0,5305432	
Mai	38	2075123	-1,610640955	
Juni	37	1970458	-1,42496481	
Juli	32	2022815	-2,353261273	**
August	49	1960014	0,456190832	
September	66	1962353	3,062426883	***
Oktober	66	1872959	3,458113173	***
November	45	1802704	0,425164003	
Dezember	51	1863712	1,137956389	
Σ	555	23629569		

* signifikant bei 10%, ** signifikant bei 5%, *** signifikant bei 1%

Quelle: Eigene Darstellung

Es hat sich sowohl durch die grafische Inspektion, als auch durch den approximativen Zweistichproben-Gaußtest gezeigt, dass ein Relativalterseffekt in der Bundesliga-Saison 2000/2001 aufgetreten ist.

Nun gilt es zu prüfen, ob der Effekt auch nach der Änderung des Stichtages vorliegt. Dabei werden, wie zuvor, alle deutschen Spieler (n=620) aus der abgelaufenen Saison 2010/2011 in gewohnter Vorgehensweise analysiert. Durch die Verschiebung des Stichtages, hat sich auch der zu betrachtende Selektionszeitraum geändert. Folgt man der Theorie, so müssten nun im ersten Quartal - entsprechend des Kalenderjahrs – also in den Monaten Januar bis März mehr Fußball-Spieler zur Welt gekommen sein. Als zweite Stichprobe dienen diesmal die entsprechenden Bevölkerungsdaten der Jahrgänge 1971 bis 1993.

In Abbildung 6 lässt sich der Relativalterseffekt erneut erkennen, der bereits in der Saison 2000/2001 nachgewiesen wurde. 33,39% aus der Stichprobe der deutschen Profi-Fußballer, stehen 25,18% der Geburten in den ersten drei Monaten der Normalbevölkerung gegenüber. Durch die deskriptive Statistik zeigt sich folglich auch in der Saison 2010/2011 ein deutlicher Relativalterseffekt.

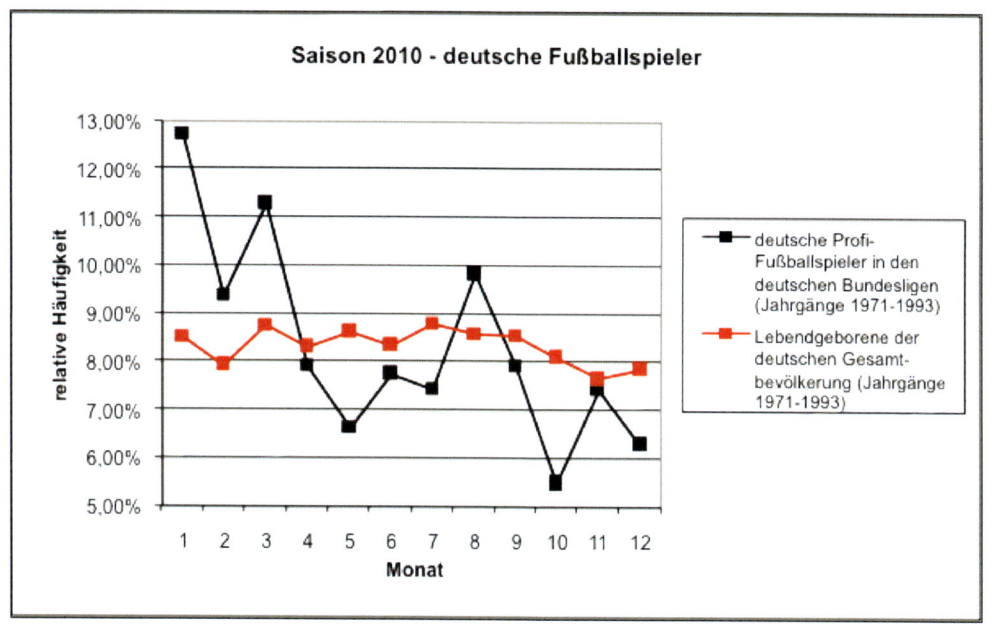

Abbildung 6: Der Relativalterseffekt in der Saison 2010/2011 – deutsche Spieler (Quelle: Eigene Darstellung)

Die Abweichung im August ist auf die Durchmischung der Jahrgänge zurückzuführen, da noch einige Spieler aktiv sind, die ihre fußballerische Ausbildung vor der Stichtagsänderung abgeschlossen haben und somit in den alten Selektionszeitraum fallen. Dennoch erkennt man an der schwarzen Linie einen deutlichen abnehmenden Verlauf im Selektionszeitraum, der dem theoretischen Verlauf des Relativalterseffekts auffallend gleicht.

Auch in der Saison 2010/2011 zeigen die Ergebnisse des statistischen Tests, dass in den ersten Monaten des Selektionszeitraums eine extreme Signifikanz vorliegt. Bei der Betrachtung der Monate Januar (T-Wert: 3,785936097) und März (T-Wert: 2,24312669), sieht man im Vergleich zu den Daten der Gesamtbevölkerung eine signifikante Abweichung (s. Tab. 3).

Wie bereits in der zuvor untersuchten Spielzeit 2000/2001, lässt sich abschließend feststellen, dass die ersten Geburtsmonate (Januar bis März) der deutschen Profi-Spieler in den Bundesligen statistisch extrem signifikant abweichen. In der zweiten Jahreshälfte liegt im Monat Oktober (T-Wert: -2,386259662) eine signifikante Abweichung vor. Dabei zeigt sich, dass der in Abbildung 6 auffallend große Unterschied auch durch den statistischen Test nachgewiesen werden konnte.

Tabelle 3: Der Relativalterseffekt in der Saison 2010/2011 – deutsche Spieler

Saison 2010/11 Geburtsmonat	Beobachtungen dt. Fußballer (Jg. '71-'93)	Lebendgeborene in Deutschland (Jg. '71-'93)	T-Statistik	Signifikanz
Januar	79	1651333	3,785936097	***
Februar	58	1541751	1,305896106	
März	70	1697545	2,249312669	**
April	49	1613653	-0,364516452	
Mai	41	1676282	-1,788338114	
Juni	48	1622486	-0,549688687	
Juli	46	1707652	-1,20627853	
August	61	1664670	1,12862432	
September	49	1659055	-0,568184036	
Oktober	34	1573074	-2,386259662	**
November	46	1490092	-0,235588784	
Dezember	39	1527005	-1,453332019	
Σ	620	19424598		
* signifikant bei 10%,	** signifikant bei 5%,	*** signifikant bei 1%		

Quelle: Eigene Darstellung

Sowohl durch die grafische Inspektion, als auch durch die Überprüfung mittels des approximativen Zweistichproben-Gaußtests, lässt sich die Hypothese, dass ein Relativalterseffekt in der Bundesliga vorliegt, bestätigen. Ähnlich wie in anderen Studien, die zu diesem Thema bereits durchgeführt wurden, zeigt sich zu Beginn des jeweiligen Selektionszeitraumes eine Häufung von Geburten. Besonders auffällig ist der Relativalterseffekt im Zusammenhang mit der Änderung des Stichtages.

In der Saison 2000/2001 sind vor allem die Monate September und Oktober sehr stark vertreten, sodass sich im ersten Viertel des Selektionszeitraumes (August bis Oktober) eine Ballung aufzeigen lässt, die sich durch den statistischen Test als extrem signifikant erwiesen hat. Um die Stichtagsänderung zu verdeutlichen, dient das im Mai 2011 abgelaufene Spieljahr 2010/2011. Dabei wird deutlich, dass die Änderung des Stichtages zwar eine Verschiebung zur Folge hat, aber keinerlei Auswirkungen auf das Auftreten des Relativalterseffekts.

Zusammenfassend lässt sich feststellen, dass ein Relativalterseffekt unabhängig vom Stichtag für die Altersklasseneinteilung auftritt. Damit ist auch nachgewiesen, dass der Effekt nicht von Parametern wie Jahreszeiten oder dem Beginn der Spielsaison abhängt.

7.3.2 Unterschiede zwischen den Bundesligen

Nachdem nachgewiesen wurde, dass der Relativalterseffekt sowohl in der Saison 2000/2001, als auch in der abgelaufenen Spielzeit im deutschen Profi-Fußball (1. und 2. Bundesliga) aufgetreten ist, folgt nun die Untersuchung, ob es Unterschiede zwischen den beiden Ligen gibt.

Als Determinanten des Relativalterseffekts wurden nach Lames (s. Kap. 3.3) neben der Sportart und dem Geschlecht auch das Alter, aber auch das Selektionsniveau angeführt.

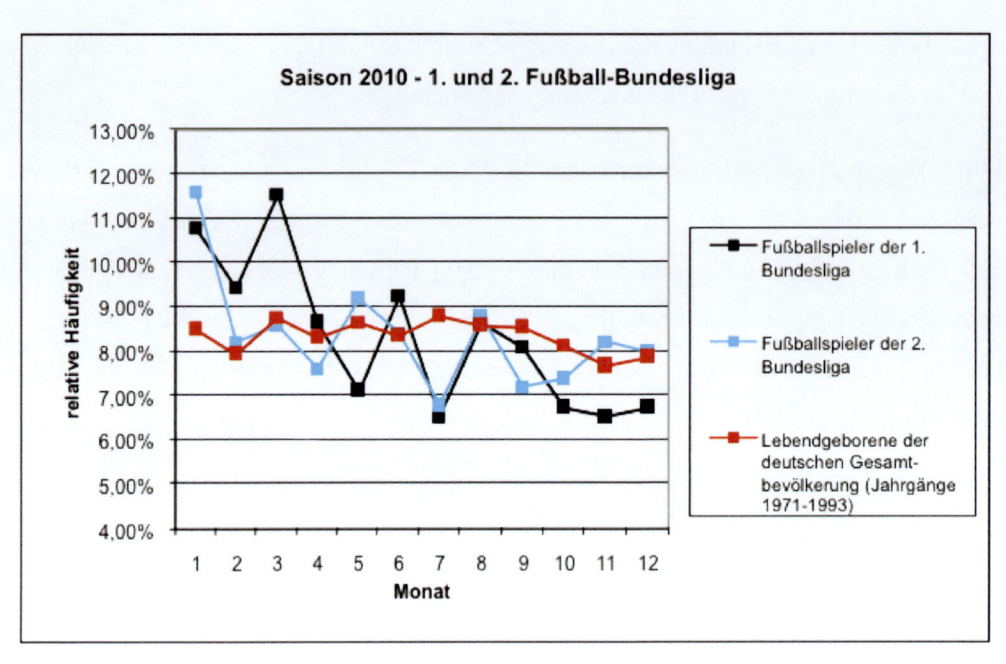

Abbildung 7: Der Relativalterseffekt in der Saison 2010/2011 – 1. und 2. Bundesliga im Vergleich (Quelle: Eigene Darstellung)

Nun gilt es zu untersuchen, ob die Leistungsunterschiede zwischen den beiden Ligen so groß sind, dass das Selektionsniveau unterschiedlich ist und der Relativalterseffekt in unterschiedlicher Weise auftritt. Vergleicht man die Grafen der beiden Ligen (1. Liga: schwarz; 2. Liga: türkis) der Saison 2010/2011 in Abbildung 7, zeigen sich auf den ersten Blick keine großen Unterschiede im Verlauf. Die rote Linie dient als Vergleich und stellt wie zuvor die relative Häufigkeit der Lebendgeborenen über das Jahr verteilt dar.

Zu berücksichtigen bei der Untersuchung ist, dass sowohl deutsche (n=520), als auch ausländische (n=500) Spieler betrachtet werden und die Auswahlkriterien in anderen Nationen nicht unbedingt denen in Deutschland entsprechen müssen, auch wenn der 1. Januar als einheitlicher Stichtag der Altersklasseneinteilung seit der Saison 1997/1998 von der FIFA festgelegt wurde.

Die größte Abweichung der beiden Ligen beträgt rund 3% im März, in allen anderen Monaten liegen die Unterschiede lediglich zwischen 0,1%-2%. Die Untersuchung der Grafik liefert folglich das Ergebnis, dass kein ersichtlicher Unterschied zwischen den beiden Ligen vorliegt. Um diese Einschätzung bestätigen zu können, folgt nun wie schon zuvor ein approximativer Zweistichproben-Gaußtest.

Tabelle 4: Der Relativalterseffekt in der Saison 2010/2011 – 1. und 2. Bundesliga im Vergleich

Saison 2010/11 Geburtsmonat	Beobachtungen Fußballer 1. Bundesliga	Beobachtungen Fußballer 2. Bundesliga	T-Statistik	Signifikanz
Januar	56	58	-0,420969507	
Februar	49	41	0,688458558	
März	60	43	1,557053339	
April	45	38	0,615396658	
Mai	37	46	-1,217317476	
Juni	48	42	0,467632228	
Juli	34	34	-0,167397664	
August	45	44	-0,082685083	
September	42	36	0,526836076	
Oktober	35	37	-0,417149996	
November	34	41	-1,016367157	
Dezember	35	40	-0,776391578	
Σ	520	500		

* signifikant bei 10%, ** signifikant bei 5%, *** signifikant bei 1%

Quelle: Eigene Darstellung

Die in Tabelle 3 abgebildeten Ergebnisse des statistischen Tests zeigen, dass keine der zuvor in der Grafik beobachteten Abweichungen eine statistische Signifikanz aufweist.

Dieses Resultat lässt den Schluss zu, dass das Selektions- und Leistungsniveau der beiden höchsten deutschen Spielklassen sehr ähnlich ist. Marginale Abweichungen, wie z. B. im März, Mai oder November sind zwar durch die deskriptive Statistik belegt worden, haben sich durch den angewandten approximativen Zweistichproben-Gaußtest aber nicht bestätigen lassen.

Die erhobenen Daten der 1. und 2. Bundesliga haben im Hinblick auf die Beantwortung nach der Auswirkung des Selektionsniveaus auf den Relativalterseffekt folglich den Aufschluss geben können, dass die Leistungsunterschiede in diesen Ligen zu gering sind, um sich signifikant auf den Relativalterseffekt auszuwirken.

7.3.3 Körperliche Unterschiede der Mannschaftsteile

Wie bereits in der Hypothese erwähnt, werden im folgenden Abschnitt nur die Feldspieler betrachtet, so dass sich der Stichprobenumfang von n=1993 auf n=1793 verringert.

In der Auswertung werden folglich 591 Abwehrspieler, 772 Mittelfeldspieler und 430 Stürmer im Bezug auf unterschiedliche körperliche Merkmale untersucht. Dabei werden zunächst die Anforderungen an die einzelnen Mannschaftsteile verdeutlicht, ehe eine Auswertung im Bezug auf Größen- und Gewichtsunterschiede der verschiedenen Mannschaftsteile durchgeführt wird.

7.3.3.1 Anforderungsprofile der Mannschaftsteile

Bevor die aufgestellte Hypothese überprüft wird, gilt es zunächst zu verdeutlichen, welche Anforderungen an die einzelnen Positionen gestellt werden und welchen Einfluss die körperliche Verfassung dabei besitzt. Liefen die Fußballspieler vor 40 Jahren in Bundesliga- und Länderspielen durchschnittlich rund vier Kilometer pro Spiel, sind es heute je nach Spielverlauf bis zu 14 Kilometer (Steinhorst, 2010). Doch nicht nur die Anforderungen an die Fähigkeiten im Ausdauerbereich haben sich erhöht. Durch die erhöhte Spielgeschwindigkeit haben sich die Aufgaben der einzelnen Positionen im Laufe der Zeit geändert. Neben einer körperlichen Fitness müssen die Grundtechniken perfekt beherrscht werden.

War es für Abwehrspieler früher ausreichend das Spiel des Gegners zu „zerstören", gehören heute auch Spieleröffnung und Aufrücken in die gegnerische Spielfeldhälfte nach Ballgewinn zu den Aufgaben eines modernen Verteidigers. Im Zweikampf mit dem Gegner sind Schnelligkeit, Durchsetzungsvermögen und Kampfeswille gefordert. Doch auch wenn sich die Anforderungen verändert haben, ist eine gute körperliche Verfassung und eine ausreichende Körpergröße vor allem bei Innenverteidigern notwendig, um im Zweikampf bestehen, lange Flankenbälle per Kopf zu klären oder bei eigenen Eckstößen im gegnerischen Strafraum für Torgefahr zu sorgen. Abwehrspieler mit diesen Fähigkeiten, sind z.B. der bereits in der Einleitung erwähnte Badstuber vom FC Bayern München (geb. 13.03.1989, 189cm) oder Jung-Nationalspieler Benedikt Höwedes (geb. 29.02.1988, 187cm) vom FC Schalke 04, der im diesjährigen DFB-Pokal-Finale einen Kopfball-Treffer zum 5:0-Sieg über den MSV Duisburg beisteuerte.

Im Gegensatz zu den Abwehrspielern, welche vorrangig die Aufgabe haben Tore zu verhindern, sind Mittelfeld-Akteure die Spielgestalter. Dabei sind Spielübersicht und auch Spielintelligenz für das Spiel eines guten Mittelfeldspielers mehr noch als die körperliche Robustheit von Vorteil. Im Defensivbereich haben Mittelfeldspieler die Aufgabe die Abwehr zu unterstützen, in der Offensive werden die Stürmer im Idealfall über 90 Minuten mit Pässen und Flanken gefüttert.

In der letzten Zeit hat sich ein Trend entwickelt, den vor allem das Starensemble des diesjährigen Champions-League-Siegers FC Barcelona perfekt beherrscht. Das Spielfeld wird mit vielen Pässen von kleinen, wendigen und ballsicheren Mittelfeldspielern wie den spanischen Europameistern von 2008 und Weltmeistern von 2010 Andrés Iniesta (170cm), Xavier „Xavi" Hernández (170cm) oder dem zweimaligen Weltfußballer Lionel Messi (169cm) überbrückt, um so den „tödlichen" Pass auf die Stürmer spielen zu können. Auch bei den Mittelfeldspielern sieht man, dass sich die Aufgaben verändern und sich die Auswahlkriterien somit im Laufe der Zeit ständig wandeln.

Wurde bisher einiges über sich ändernde Anforderungen und Aufgaben der einzelnen Mannschaftsteile geschrieben, so ist die primäre Aufgabe eines Stürmers gestern wie heute, möglichst häufig das Tor zu treffen. Dabei ist es elementar, dass mit Entschlossenheit und Durchsetzungsbereitschaft offensiv auf jeder Position der richtigen „Zug zum Tor" und eine gewisse „Torgeilheit" entwickelt wird.

Durch kreative Spielideen, ähnlich wie sie von den Mittelfeldspielern erwartet werden, Finten und vor allem Schnelligkeit sollen Tormöglichkeiten erzwungen und letztlich Tore erzielt werden. In der abgelaufenen Bundesliga-Spielzeit ist dies Mario Gomez (189cm) vom FC Bayern München mit 28 Treffen am besten gelungen, sodass dieser sich mit einem Abstand von sechs Toren die „Törjäger-Kanone" für den besten Torschützen der Saison sichern konnte.

Bei allen Ergebnissen in diesem Abschnitt ist zu berücksichtigen, dass zwischen einzelnen Positionen in den Mannschaftsteilen nicht unterschieden wurde. Die Feldspieler werden also nach Abwehr, Mittelfeld und Sturm unterteilt. Eine Untersuchung der einzelnen Positionen könnte einen Ansatzpunkt für weitere Studien auf diesem Gebiet darstellen. Weiterführend wäre zudem auch eine Analyse der sich ändernden Anforderungsprofile im Verlauf der letzten 30 Jahre und der daraus resultierenden Selektion sinnvoll.

7.3.3.2 Größenunterschiede der Mannschaftsteile

Nachdem im vorangegangen Abschnitt die Anforderungen an die einzelnen Mannschaftsteile diskutiert und mit Beispielen belegt wurden, folgt nun die Auswertung der

Untersuchung. Auf der einen Seite wird zunächst eine Abbildung zur Beantwortung der Frage betrachtet, ehe daraufhin ein Einstichproben-t-Test die statistische Signifikanz bewiesen werden soll.

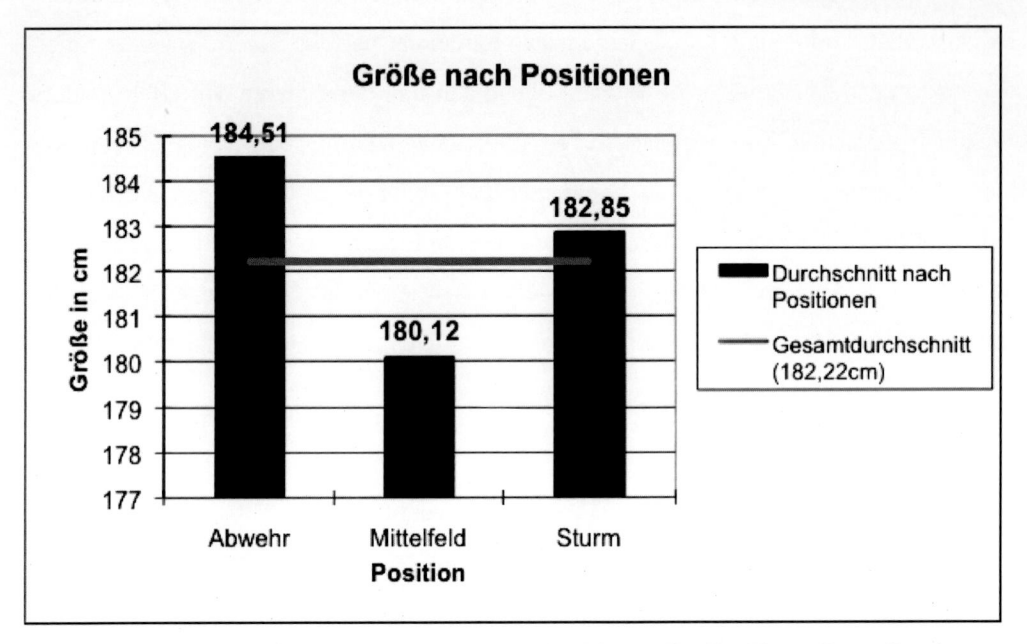

Abbildung 8: Größenverteilung der Feldspieler nach Positionen (Quelle: Eigene Darstellung)

Als Referenzwert, sowohl für die grafische Inspektion, als auch für den statistischen Test, dient die Gesamtdurchschnittsgröße (182,22cm) aller in der Stichprobe verzeichneten Feldspieler. Vergleicht man die Mittelwerte der einzelnen Positionen, erkennt man (s. Abb. 8), dass die Abwehrspieler (184,51cm) und Stürmer (182,85cm) im Durchschnitt größer, die Mittelfeldspieler (180,12cm) hingegen kleiner sind.

Tabelle 5: Ergebnis Einstichproben-t-Test – Größe

Größe	Test-Wert: 182,2209						
					95%-Konfidenzintervall		
Position	T-Statistik	Freiheitsgrade	p	Mittelwert-Unterschied	untere Schranke	obere Schranke	Signifikanz
Abwehr	10,1363	590	<0,0001	2,2935	1,84911522	2,73788478	***
Mittelfeld	10,0141	771	<0,0001	-2,1056	-2,51835647	-2,1056	***
Sturm	2,2613	429	0,0242	0,6279	0,082120917	1,17367083	*

Quelle: Eigene Darstellung

Die in der Hypothese vermuteten Größenunterschiede lassen sich demnach durch die Betrachtung der verschiedenen Mittelwerte im Vergleich mit dem Referenzwert bestätigen. Auch der durchgeführte Einstichproben-t-Test (s. Tab. 5) unterstützt die Hypothese, dass Verteidiger und Stürmer im Schnitt größer, als der Gesamtmittelwert sind.

Die Abweichung bei Stürmern lässt sich als statistisch signifikant bezeichnen, bei Abwehrspielern hat sich sogar eine extreme Signifikanz nachweisen lassen. Ein gleiches Ergebnis lässt sich auch für die Mittelfeldspieler feststellen, die extrem signifikant kleiner sind, als der Test-Wert von 182,22cm.

7.3.3.3 Gewichtsunterschiede der Mannschaftsteile

Bei der Untersuchung der Gewichtsunterschiede, lassen sich auch ohne Betrachtung der Grafik und der Ergebnisse des t-Tests, ähnliche Ergebnisse wie bei der zuvor durchgeführten Untersuchung der Größe vermuten; Aufgrund einer unterstellten Korrelation von Körpergröße und Körpergewicht und der zuvor ermittelten Unterschiede der Größe zwischen den einzelnen Mannschaftsteilen, werden der Hypothese nach, Mittelfeldspieler leichter sein als Stürmer und diese wiederum leichter als Abwehrspieler.

Betrachtet man Abbildung 9, erkennt man den erwarteten Trend. Der Vergleichswert, der wiederum den Gesamtdurchschnitt (77,24kg) aller Feldspieler darstellt, liegt deutlich über dem Gewicht von Mittelfeldspielern (74,93kg) und unter dem der Abwehrspieler (79,36kg) und Stürmer (78,47kg).

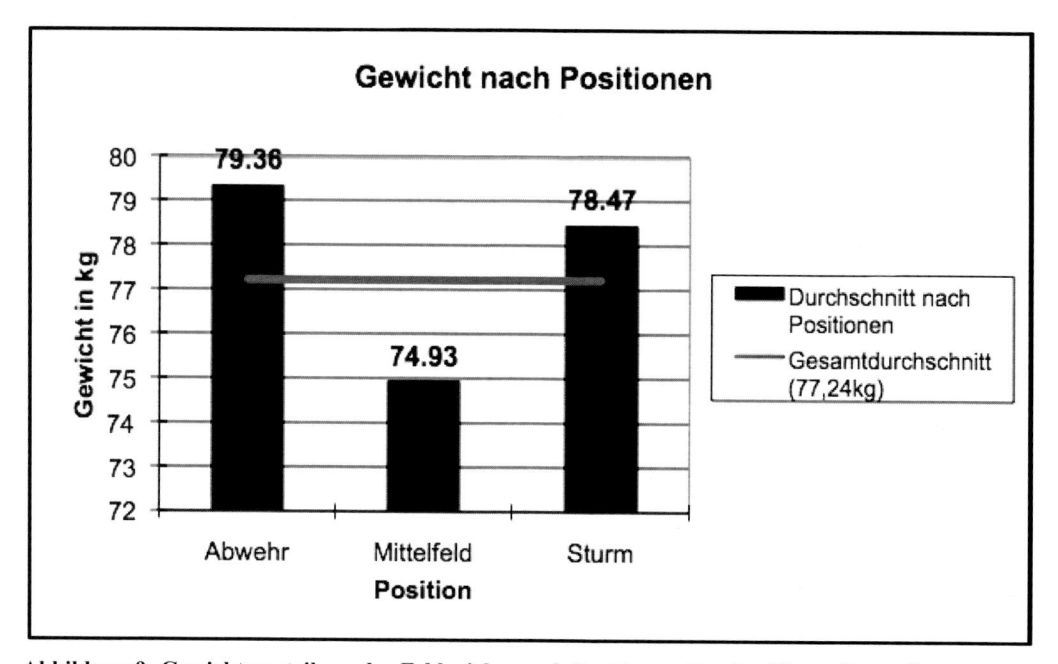

Abbildung 9: Gewichtsverteilung der Feldspieler nach Positionen (Quelle: Eigene Darstellung)

Diese Ergebnisse lassen sich durch den durchgeführten Test (s. Tab. 6) als statistisch extrem signifikant bestätigen. Die Auswertungen bestätigen auch die letzte aufgestellte Hypothese, dass es Gewichtsunterschiede zwischen den einzelnen Positionen gibt. Diese Unterschiede sind, wie schon bei der Analyse der Körpergröße auf die in Kapitel 7.3.3.1 dargestellten Anforderungen zurückzuführen.

Tabelle 6: Ergebnis Einstichproben-t-Test – Gewicht

Gewicht	Test-Wert: 77,23980				95%-Konfidenzintervall		
Position	T-Statistik	Freiheitsgrade	p	Mittelwert-Unterschied	untere Schranke	obere Schranke	Signifikanz
Abwehr	8,5724	590	<0,0001	2,12061	1,63476301	2,60645699	***
Mittelfeld	11,2517	771	<0,0001	-2,30975	-2,71272435	-1,9067756	***
Sturm	4,1302	429	<0,0001	1,23229	0,6458632	1,8187168	***

Quelle: Eigene Darstellung

Abschließend lässt sich demnach festhalten, dass viele Spieler aufgrund ihrer körperlichen Merkmale für eine bestimmte Position selektiert werden und die körperliche Verfassung ein entscheidendes Kriterium bei der Auswahl in die Nachwuchsförderung darstellt. Die Selektion im Jugendbereich nach physischen Merkmalen allgemein und im Speziellen Größe und Gewicht und der daraus resultierenden Leistungsfähigkeit, ist eine Erklärung für das Auftreten von Relativleistungseffekten im Nachwuchsbereich.

8. Schlussbetrachtung

Ziel der Arbeit „Der Matthäus-Effekt im professionellen Fußball in Deutschland" war es zunächst, den Matthäus-Effekt zu erklären und dessen Auftreten sowohl in Technologie, Politik, Wirtschaft und in Organisationen zu zeigen, vor allem aber die Auswirkungen auf den Sport zu verdeutlichen. Daran anschließend wurde gezielt die Verbindung zwischen den Auswahlmechanismen von sportlichen und beruflichen Karrieren dargestellt. Dabei hat sich gezeigt, dass sowohl bei der Selektion von sportlichen Talenten, als auch bei der Auswahl von Bewerbern für höhere Positionen zumeist durch relative Leistungsvergleiche entschieden wird.

Der zunehmende Konkurrenzdruck in der heutigen Gesellschaft, in der schon der Einstieg in die Arbeitswelt häufig über Assessment-Center-Seminare läuft, welche nach Becker (2010, S. 532) eine simulierte Form von Beförderungsturnieren darstellen, zeigt, dass nicht nur im Sport die vermeintlich Besten durch relative Vergleiche ermittelt werden. Dabei kann sich, wie in der vorliegenden Arbeit gezeigt, ein kleiner Vorteil schnell zu einem großen Vorteil entwickeln.

Die Ergebnisse der Auswertungen des empirischen Teils zeigen sehr deutlich, dass ein Relativalterseffekt sowohl vor zehn Jahren schon, als auch heute noch im deutschen Profi-Fußball auftritt und dass somit noch immer vermeidbare Fehler bei der Auswahl von Talenten gemacht werden. Denn es lässt sich der Schluss ziehen, dass nicht alle Kinder und Jugendliche die gleiche Möglichkeit haben, eine professionelle Ausbildung zu bekommen und dass die Selektion in die Nachwuchsförderung noch immer zu allererst vom Geburtsdatum abhängt.

Da die Stichtagsänderung das Bild in der Saison 2010/2011 vermutlich noch abschwächt, ist die Notwendigkeit für weitere Studien begründet, welche auf den in dieser Arbeit getätigten Untersuchungen aufbauen können. Eine Betrachtung, ob und in welcher Ausprägung der Relativalterseffekt in den nächsten Jahren vorkommt, wäre unter den getroffenen Annahmen sinnvoll.

Des Weiteren konnte nachgewiesen werden, dass unterschiedliche Anforderungsprofile der Mannschaftsteile Unterschiede in Körpergröße und -gewicht der in dieser Arbeit betrachteten Spieler mit sich bringen. Allerdings ist auch hier eine weitere Überprüfung der Mannschaftsteile notwendig, um ein schärferes und genaueres Bild zu schaffen, ob es einen Zusammenhang zwischen dem Relativalterseffekt, den körperlichen Merkmalen und den einzelnen Positionen gibt.

Um abschließend die Aktualität der diskutierten Themen zu verdeutlichen, soll ein Zitat von Abwehrspieler Philipp Lahm (geb. 11.11.1983) dienen. Der Außenverteidiger des FC Bayern München der aufgrund seiner geringen Körpergröße von nur 1,70m in der Jugend des FC Bayern fast aussortiert wurde, sich dennoch gegen den Trend im Konkurrenzkampf gegen größere und weiterentwickelte Spieler durchsetzte und heute Kapitän der deutschen Nationalmannschaft ist, äußerte sich im Vorfeld eines Europameisterschafts-Qualifikationsspiels gegen Österreich über die Konkurrenz in der Nationalmannschaft wie folgt: „Es ist schön, dass bei uns ein Konkurrenzkampf herrscht. Jeder Spieler hat die Chance sich in die Mannschaft zu Spielen. Jeder Spieler muss um seinen Platz kämpfen und nur so funktioniert es."

Anhang

Anhang I: Weitere grafische und statistische Auswertungen

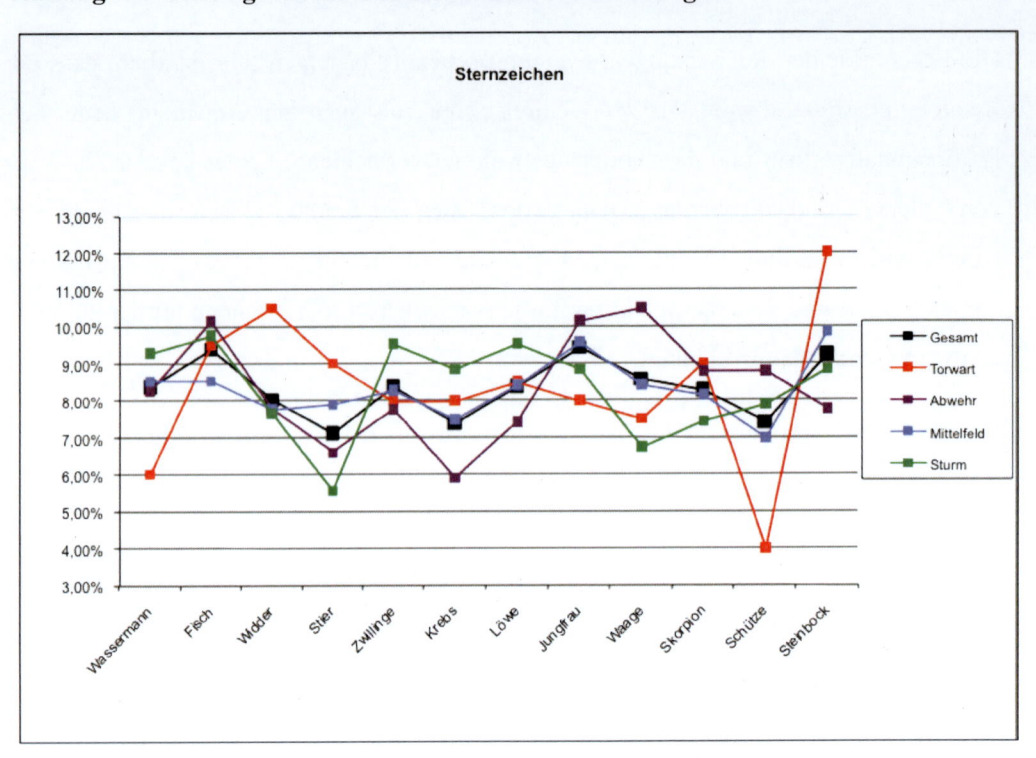

Verteilung der Sternzeichen nach Positionen (Quelle: Eigene Darstellung)

Zu 7.3.2:

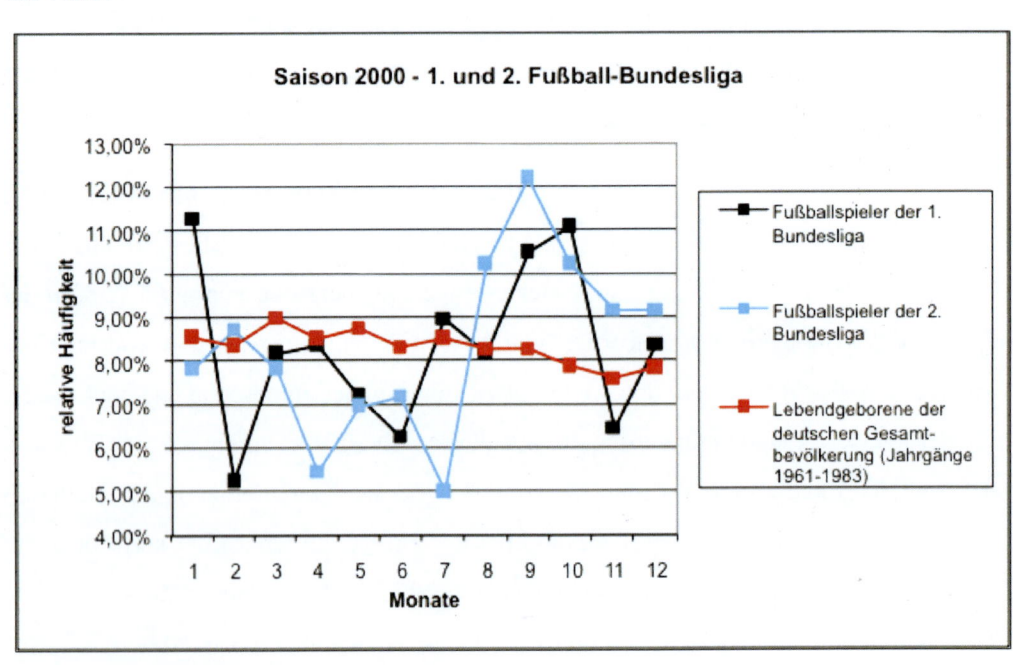

Der Relativalterseffekt in der Saison 2000/2001 – 1. und 2. Bundesliga im Vergleich (Quelle: Eigene Darstellung)

Zu 7.3.3:

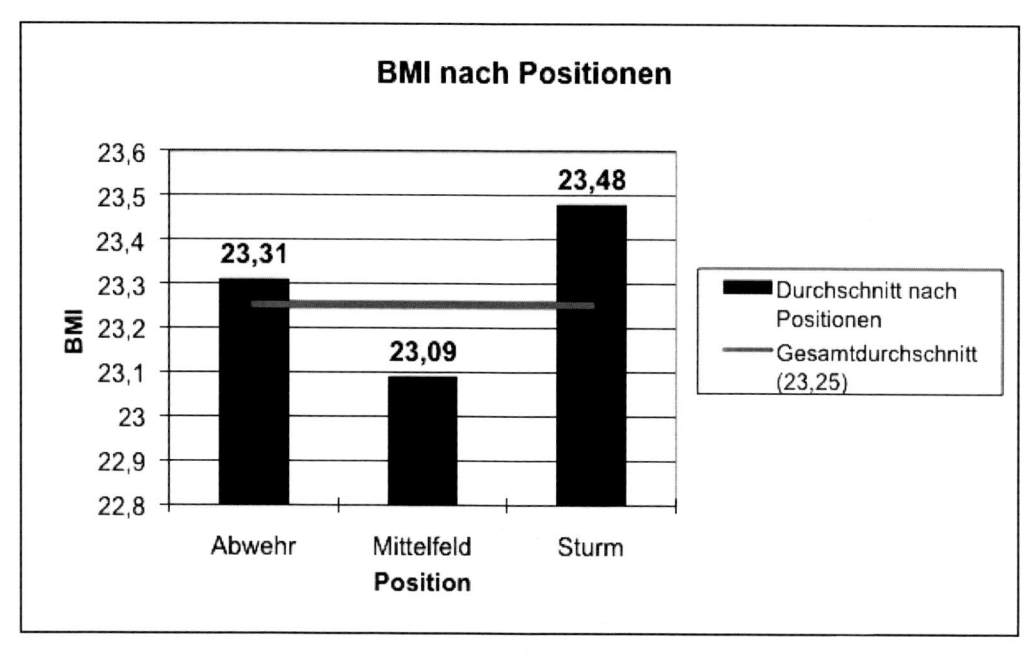

BMI nach Positionen

- Abwehr: 23,31
- Mittelfeld: 23,09
- Sturm: 23,48
- Gesamtdurchschnitt: 23,25

Verteilung des BMI (Körpergewicht:(Körpergröße^2)) der Feldspieler nach Positionen (Quelle: Eigene Darstellung)

Deskriptive Statistik – BMI

Position	Beobachtungen	Mittelwert	Standardabweichung	Standardfehler des Mittelwerts
Abwehr	591	23,31134	1,095997	0,04508329
Mittelfeld	772	23,08549	1,147013	0,0412819
Sturm	430	23,47907	1,168059	0,05632881

Quelle: Eigene Darstellung

Ergebnis Einstichproben-t-Test – BMI

BMI	Test-Wert: 23,254320						
Position	T-Statistik	Freiheitsgrade	p	Mittelwert-Unterschied	95%-Konfidenzintervall untere Schranke	obere Schranke	Signifikanz
Abwehr	1,2648	590	0,2065	0,05702	-0,03152329	0,14556329	
Mittelfeld	4,0897	771	<0,0001	-0,16883	-0,24986822	-0,0877917	***
Sturm	3,99	429	<0,0001	0,22475	0,11403525	0,33546475	***

Quelle: Eigene Darstellung

Anhang II: Studien über den Relativalterseffekt im Sport

Sport	Author(s)	Characteristics[a]	Player born in the first versus second half of the competition year (in %)/Comments
Baseball	Grondin & Koren, 2000	Pro Major League Baseball (MLB), USA	No RAE for players born before 1940s
			55/45 in recent decades; slight variations with position and handedness
		Japan Pro	63/37
	Stanaway & Hines, 1995	Pro (MLB)	56/44
	Thompson et al., 1991	Pro (MLB)	55/45
	Thompson et al., 1992	4–18	If there is any effect, it is weak and depends on age and competition levels
Basketball	Daniel & Janssen, 1987	Pro National Basketball Association (NBA), USA	No RAE for season 1984–1985
Cricket	Edwards, 1994	County cricketers in United Kingdom	From 61/39 to 50/50, depends on player's position
Football (American)	Daniel & Janssen, 1987	Pro: Canada	49/51
		Pro: USA	52/48
	Glamser & Marciani, 1992	American Universities	66/34 (but small sample)
	Stanaway & Hines, 1995	Football Hall of Fame (USA)	57/43
Gymnastics	Baxter-Jones, 1995	Elite junior (UK)	48/52
Handball	Ryan, 1989	11–20 (Canada)	From 61/39 to no RAE, depends on gender and age category
Ice hockey	Barnsley & Thompson, 1988	8–20	From 74/26 to no RAE, depends on age category and competition level
	Barnsley et al., 1985	16–20 (Elite)	72/28
		Pro National Hockey League (NHL)	62/38 For the 1982–1983 season
	Boucher & Halliwell, 1991	Nova Scotia Elite	63/37
	Boucher & Mutimer, 1994	8–20	65/35
	Daniel & Janssen, 1987	Pro (NHL)	No RAE for the 1961–1962 season, and seasons between 1972 and 1975
			64/36 for 1985–1986 (Canadian players)
	Grondin et al., 1984	8–20	Up to 73/27 in higher competition levels
		Pro (NHL)	60/40 For the 1981–1982 season
	Grondin & Trudeau, 1991	Pro (NHL)	For the 1988–1989 season
			From 68/32 to 50/50, according to players' position
			60/40 for canadian players; 53/47 for US players; 61/39 for others
			64/36 in Ontario; 55/45 in smaller provinces of Canada
	Krouse, 1995	Pro (NHL)	60/40, No difference between normal players and all star players/award winners
Soccer	Barnsley et al., 1992	World Cup 90	55/45
		World Tournament Under 17	79/21
		World Tournament Under 20	79/21
	Bäumler, 1996	Pro (Germany)	68/32 Among youngest professionals (18–20)
			49/51 Among oldest professionals (33–35)
	Baxter-Jones, 1995	Elite junior (UK)	81/19
	Brewer et al., 1992	Sweden, Under 17	78/22 (but small sample)
	Brewer et al., 1995	Elite junior (UK)	87/13 (but small sample)
	Dudink, 1994	Pro (UK)	62/38
	Helsen et al., 1998	Pro (Belgium)	57/43
		National Youth	70/30
		Top Youth	62/38
		Regular Youth	62/38
	Musch, 1998	Tennessee Youth, USA	Increasing with higher age levels
		7–8	51/49
		17–18	68/32
	Musch & Hay, 1999	Pro —Australia	58/42 (1988/89, January 1st)
			60/40 (1995/96, August 1st)
		—Brazil	57/43
		—Germany	56/44
		—Japan	66/34
	Verhulst, 1992	Pro —Belgium	55/45
		—France	58/42
		—Netherlands	60/40
Swimming	Baxter-Jones, 1995	Elite junior (UK)	73/27
	Ryan, 1989	8–20 (Canada)	From 61/39 to no RAE, depends on gender and age category
Tennis	Baxter-Jones, 1995	Elite junior (UK)	70/30
	Dudink, 1994	12–16 (Netherlands)	30 of 60 Players born in the first 3 months
Volleyball	Grondin et al., 1984	Elite 14–15 (Canada)	64/36 For male; 53/47 for female
		Elite 16–19 (Canada)	weaker effect
	Ryan, 1989	11–20 (Canada)	From 58/42 to no RAE, depends on gender and age category

[a] Numbers indicate age (in years).

Quelle: Musch und Grondin, 2001

Literaturverzeichnis

Baker, J., Schorer, J., Cobley, S. (2010). Relative age effect. An inevitable consequence of elite sport? Sportwissenschaft, 40 (1), 26-30.

Baker, J., Wattie, N., Cobley, S., Faught, B., Montelpare, W. J. (2010). Exploring mechanisms of the relative age effect in Canadian Minor Hockey. International Journal of Sport Psychology, 41 (2), 148-159.

Barnsley, R. H., Thompson, A. H., Barnsley, P. E. (1985). Hockey success and birth date: The relative age effect. Journal of the Canadian Association of Health, Physical Education and Recreation, 51, 23-28.

Barnsley, R. H., Thompson, A. H., Legault, P. (1992). Family planning: Football style. The relative age effect in football. International Review of Sport Sociology, 27 (1), 78-87.

Bäumler, G. (1998). Der Relativalterseffekt bei Fussballspielern und seine Wechselwirkung mit dem Lebensalter. In: G. Bäumler und G. Bauer (Hrsg.), Beiträge und Analysen zum Fußballsport IX, S.109-115, Hamburg: Czwalina.

Bäumler, G. (2001). Der Geburtsmonatseffekt bei Fußballspieler unter dem Aspekt der Talentauslese. In: D. Teipel, R. Kemper, D. Heinemann (Hrsg.), Beiträge und Analysen zum Fußballsport XII, S.131-138, Hamburg: Czwalina.

Baxter-Jones, A. (1995). Growth and development of young athletes: Should competition levels be age related? Sports Medicine, 20 (2), 59-64.

Becker, M. (2009). Personalentwicklung: Bildung, Förderung und Organisationsentwicklung in Theorie und Praxis. (5. Aufl.) Stuttgart: Schäffer-Poeschel.

Bernhardt, D., Mongrain, S. (2005) The Layoff Rat Race. In: http://ssrn.com/abstract=658422, Zugriff am 14.05.2011, 14:00 Uhr.

Brewer, J., Balsom, P., Davis, J. (1995). Seasonal birth distribution amongst European soccer players. Sport Exercise and Injury, 1, 154-157.

Deutscher Fußball-Bund (Hrsg.) (2011). Der weite Weg zum Erfolg - Ausbildungskonzept des DFB. In: http://www.dfb.de/uploads/media/ dfb_rtk_flyer_A4_quer_01.pdf, Zugriff am 29.05.2011, 12:00 Uhr

Diamond, G. H. (1983). The birthdate effect - A maturational effect? Journal of Learning Disabilities, 16 (3), 161-164.

Diamond, J. (1997). Guns, Germs, and Steel: The Fates of Human Societies. New York: Norton.

Dudink, A. (1994). Birth date and sporting success. Nature, 368-592.

Gabris, G. T., Mitchell, K. (1988). The Impact of Merit Raise Scores on Employee Attitudes: The Metthew Effect of Performance Appraisal. Public Personnel Management, 17 (4), 369-386.

Garfield, E. (1983). Citation indexing, its theory and application in science, technology, and humanities. New York: Wiley & Sons.

Hahn, E. (1982). Kindertraining. München: blv-Sportwissenschaft.

Helsen, W. F., Starkes, J. L., van Winckel, J. (2000). Effect of a Change in Selection Year on Success in Male Soccer Players. American Journal of Human Biology, 12 (6), 729-735.

Helsen, W. F., van Winckel, J., Williams, M. (2005). The relative age effect in youth soccer across Europe. Journal of Sports Sciences, 23 (6), 629-636.

Höner, O., Roth, K. (2009). Erläuterungen zu den individuellen Spielerauswertungen im Rahmen der technisch-motorischen Leistungsdiagnostik an den DFB-Stützpunkten. In: www.dfb.de/uploads/media/Homepage-Manual_2009.pdf, Zugriff am 28.05.2011, 13:00 Uhr.

Kanter, R. M. (1977). Men and Women of the Corporation. New York: Basic Books.

Kräkel, M. (1999). Ökonomische Analyse der betrieblichen Karrierepolitik (2. Aufl.). München/Mering: Hampp.

Kräkel, M. (2010). Organisation und Management (3. Aufl.). Tübingen: Mohr Siebeck.

Lames, M., Auguste, C., Dreckmann, C., Görsdorf, K., Schimanski, M. (2008a). Der "Relative Age Effect" (RAE): neue Hausaufgaben für den Sport. Leistungssport, 38 (6), 4-9.

Lames, M., Schimanski, M. (2008b). Rekonstruktion von Leistungssportkarrieren. In: Bundesinstitut für Sportwissenschaft (Hrsg.), BISp-Jahrbuch - Forschungsförderung 2007/2008, S. 207-210, Köln: BISp.

Lazear, E. P., Rosen, S. (1981). Rank-Order Tournaments as Optimum Labor Contracts. The Journal of Political Economy, 89 (5), 841-864.

Lenski, G., Lenski, J. (1970). Human Societies. New York: McGraw-Hill.

Levesque, J. (2000). Across the Great Divide. In: http://www.ncsall.net/?id=304, Zugriff am 16.05.2011, 11:00 Uhr.

Lutz, S. (2009). Relative Leistungsturniere in der Personalwirtschaft: Vor- und Nachteile. Hamburg: Diplomica Verlag.

Malina, R. M. (1994). Physical growth and biological maturation of young athletes. Exercise and Sport Sciences Review, 22 (1), 389-434.

Merton, R. K. (1968). The Matthew Effect in Science: The Reward and Communication Systems of Science. Science, 159 (3810), 56-63.

Musch, J., Grondin, S. (2001). Unequal Competition as an Impediment to Personal Development: A Review of the Relative Age Effect in Sport. Developmental Review, 21 (2), 147-167.

Norikazu, H. (2009). Relationships among birth-month distribution, skeletal age and athropometric characteristics in adolescent elite soccer players. Journal of Sports Sciences, 27 (11), 1159-1166.

ohne Verfasser (1999). Die Bibel: Altes und Neues Testament. Einheitsübersetzung (13. Aufl.). Freiburg: Verlag Herder.

Rigney, D. (2010). The Matthew Effect: How Advantage begets further Advantage. New York: Columbia University Press.

Rossiter, M. W. (1993). The Matilda Effect in Science. Social Studies of Science, 23 (2), 325-341.

Roemmich, J. N., Rogol, A. D. (1995). Physiology of growth and development: Its relationship to performance in the young athlete. Clinics in Sports Medicine, 14 (3), 483-501.

Samuelson, R. J. (2002). Debucking the Digital Divide. In: Washington Post, 6. März 2002, 19.

Siebert, P. (2009). Vernunft der wirtschaftlichen Kritik: Die wirtschaftsphilosophische Wende. Books on Demand.

Simon, H. (1954). Bandwagon and Underdog Effects and the Possibility of Election Predictions. Public Opinion Quarterly 18 (3), 245-253.

Steinhorst, G. (2010). Fußball: die Anforderungen an Topspieler von heute. In: http://www.suite101.de/content/fussball-die-anforderungen-an-topspieler-von-heute-a86239, Zugriff am 03.06.2011, 16:40 Uhr.

Sharer, L. B., Baxter-Jones, A., Faulkner, R. A., Russel, K. W. (2007). Do physical maturity and birthdate predict talent in male youth ice hockey players? Journal of Sports Sciences, 25 (8), 879-886.

Sharp, C. (1995). What's age got to do with it? A study of pattern of school entry and the impact of season of birth on school attainment. Educational Research, 36, 251-265.

Tanner, J. M. (1978). Fetus into man. Cambridge, MA: Harvard University Press.

Tanner, J.M., Whitehouse, R. H. (1976). Clinical longitudinal standards for height, weight, height velocity and weight velocity and the stages of puberty. Archives of Disease in Childhood, 51, 170-178.

Verhulst, J. (1992). Seasonal birth distribution of West European soccer players: A possible explanation. Medical Hypotheses, 38 (4), 346-348.

Weitbrecht, H. (1992). Individuelle Karriereplanung. In: Gaugler, E., Weber, W. (Hrsg): Handwörterbuch des Personalwesens (2. Aufl.). Sp. 1114-1126, Stuttgart: Schäffer-Poeschel.

Wilkesmann, U. (1999). Lernen in Organisationen: die Inszenierung von kollektiven Lernprozessen (1. Aufl.). Frankfurt a. M.: Campus Verlag.

Williams, P. H., Davies, P., Evans, R., Ferguson, N. (1970). Season of birth and cognitive development. Nature, 228, 1033-1036.